Der erste selektive
Muskarinrezeptorblocker

Gastrozepin®

Spezifischer Magensekretionshemmer

Ihr Partner in der Notfallmedizin

Gastrozepin®-Ampullen
zur Prophylaxe und Therapie
von Stress-Ulcera und
Blutungsgefährdung im oberen
Gastrointestinal-Trakt

Thomae

Streßläsionen im Magen-Darm-Trakt

Schriftenreihe

Band 23

INA

Intensivmedizin
Notfallmedizin
Anästhesiologie

Herausgeber:
Peter Lawin, Volker von Loewenich,
Georg Rodewald, Paul Schölmerich
und Horst Stoeckel

1981
Georg Thieme Verlag Stuttgart · New York

Streßläsionen im Magen-Darm-Trakt

Symposium in Münster

Herausgegeben von Eberhard Götz

Mit Beiträgen von
V. Berndt
W.-P. Fritsch
E. Götz
K.-J. Hengels
H. Huth
G. Kautz
W. Londong
J. Müller
W. Rösch
Th. Scholten
Th. Sommerlatte

25 Abbildungen, 20 Tabellen

1981
Georg Thieme Verlag Stuttgart · New York

CIP-Kurztitelaufnahme der Deutschen Bibliothek

Streßläsionen im Magen-Darm-Trakt :
Symposium in Münster 1980 / hrsg. von Eberhard Götz.
Mit Beitr. von V. Berndt . . . – Stuttgart ; New York : Thieme, 1981.
(Schriftenreihe Intensivmedizin, Notfallmedizin,
Anästhesiologie ; Bd. 23)

NE: Götz, Eberhard [Hrsg.]; Berndt, Volker [Mitverf.]; GT

Wichtiger Hinweis:

Medizin als Wissenschaft ist ständig im Fluß. Forschung und klinische Erfahrung erweitern unsere Erkenntnisse, insbesondere was Behandlung und medikamentöse Therapie anbelangt. Soweit in diesem Werk eine Dosierung oder eine Applikation erwähnt wird, darf der Leser zwar darauf vertrauen, daß Autoren, Herausgeber und Verlag größte Mühe darauf verwandt haben, daß diese Angabe genau dem Wissensstand bei Fertigstellung des Werkes entspricht. Dennoch ist jeder Benutzer aufgefordert, die Beipackzettel der verwendeten Präparate zu prüfen, um in eigener Verantwortung festzustellen, ob die dort gegebene Empfehlung für Dosierungen oder die Beachtung von Kontraindikationen gegenüber der Angabe in diesem Buch abweicht. Eine solche Prüfung ist besonders wichtig bei selten verwendeten Präparaten oder solchen, die neu auf den Markt gebracht worden sind.

Druck: Illig, Göppingen

ISBN 3-13-604001-5
ISSN 0-342-4448

Herausgeber der Schriftenreihe

Lawin, P., Prof. Dr.
Direktor der Klinik für Anästhesiologie und operative Intensivmedizin der Universität Münster
Jungeblodtplatz 1, 4000 Münster

von Loewenich, V., Prof. Dr.
Leiter der Abteilung für Neonatologie am Zentrum der Kinderheilkunde der Universität Frankfurt
Theodor-Stern-Kai 7, 6000 Frankfurt/Main 70

Rodewald, G., Prof. Dr.
Direktor der Abteilung für Herz- und Gefäßchirurgie und experimentelle Kardiologie der Chirurgischen Klinik und Poliklinik der Universität Hamburg
Martinistraße 52, 2000 Hamburg 20

Schölmerich, P., Prof. Dr.
Direktor der II. Medizinischen Universitätsklinik und Poliklinik Mainz
Langenbeckstraße 1, 6500 Mainz

Stoeckel, H., Prof. Dr.
Direktor des Instituts für Anästhesiologie der Universität Bonn
Sigmund-Freud-Straße 25, 5300 Bonn 1, Venusberg

Anschriftenverzeichnis

Berndt, V., Priv.-Doz. Dr.
Lammerstraße 15, 4500 Osnabrück

Fritsch, W.-P., Prof. Dr.
Medizinische Einrichtungen der Universität Düsseldorf, Medizinische Klinik und Poliklinik, Klinik A
Moorenstraße 5, 4000 Düsseldorf 1

Götz, E., Prof. Dr.
Klinik für Anästhesiologie und operative Intensivmedizin der Westf. Wilhelms-Universität
Jungeblodtplatz 1, 4400 Münster

Hengels, K.-J., Dr.
Medizinische Einrichtungen der Universität Düsseldorf, Medizinische Klinik und Poliklinik, Klinik A
Moorenstraße 5, 4000 Düsseldorf 1

Huth, H., Dr.
Klinik für Anästhesiologie und operative Intensivmedizin der Westf. Wilhelms-Universität
Jungeblodtplatz 1, 4400 Münster

Kautz, G., Dr.
Chirurgische Klinik und Poliklinik der Westf. Wilhelms-Universität
Jungeblodtplatz 1, 4400 Münster

Londong, W., Dr.
Medizinische Klinik Innenstadt der Universität München
Ziemssenstraße 1, 8000 München 2

Müller, J., Dr.
Medizinische Einrichtungen der Universität Düsseldorf, Medizinische Klinik und Poliklinik, Klinik A
Moorenstraße 5, 4000 Düsseldorf 1

Rösch, W., Prof. Dr.
Medizinische Klinik mit Poliklinik der Universität Erlangen-Nürnberg
Krankenhausstraße 12, 8520 Erlangen

Scholten, Th., Dr.
Medizinische Einrichtungen der Universität Düsseldorf, Medizinische Klinik und Poliklinik, Klinik A
Moorenstraße 5, 4000 Düsseldorf 1

Sommerlatte, Th., Dr.
Medizinische Klinik Innenstadt der Universität München
Ziemssenstraße 1, 8000 München 2

Vorwort

Schwerstkranke Patienten sind seit jeher der besonderen Gefahr einer akuten Blutung aus dem oberen Magen-Darmtrakt ausgesetzt. Mit der immer konsequenteren Behandlung solcher Patienten auf Intensivstationen und durch die Anwendung aggressiver Therapieprinzipien, hat der Kreis der Gefährdeten zugenommen und ist wesentlich auf die Intensivstationen konzentriert. Zwar ist die Pathogenese der Streßläsionen immer noch unzureichend geklärt, trotzdem ist es in den letzten Jahren möglich gewesen, durch die koordinierte Anwendung einer spezifischen therapeutischen Behandlung und allgemeinstreßreduzierender Maßnahmen, eine wirkungsvolle Prophylaxe durchzuführen. Es ist die Aufgabe dieses Tagungsberichtes, alle Möglichkeiten der Diagnostik, Prophylaxe und Therapie der Streßläsionen auf ihre Bedeutung und ihre Wirksamkeit hin zu prüfen und brauchbare Konzepte für die praktische Behandlung von Intensivpatienten aufzustellen. Bekannte Forscher und Kliniker haben hierzu ihre Vorstellungen dargelegt und in der Diskussion durch einen allgemein gültigen Konsens praxisorientierte Leitlinien gegeben. Es ist zu wünschen, daß die hier dargelegten Auffassungen und Empfehlungen große Verbreitung und Anwendung in der klinischen Praxis finden.

P. Lawin

Inhaltsverzeichnis

Einleitung

E. Götz

Streßläsionen sind Erosionen der Schleimhaut des Magens und des Duodenums, die bis in die Muskularis vordringen können und unter besonderen Belastungen des Organismus auftreten. Dies ist ein akutes Ereignis, das wieder abklingt, sobald der Streß beendet ist. Eine akute lebensbedrohende Gefährdung des Patienten, die zur Intensivtherapie Anlaß gibt, ist eine solche Belastung, die das Phänomen des Stresses auslösen kann. Aber auch die typischen Behandlungsmaßnahmen der Intensivtherapie selbst, wie maschinelle Beatmung, Unterkühlung usw., stellen eine streßinduzierende Maßnahme dar. Es ist daher nicht verwunderlich, daß das Patientengut der Intensivstationen besonders häufig unter Streßläsionen leidet. Zu den typischen Krankheitsbildern zählen Verbrennungen über 25%, Polytraumen, große und tiefgreifende Operationen, Schockzustände, Sepsis, Nierenversagen und die respiratorische Insuffizienz. Ebenso zeigt sich nach Schädel-Hirn-Traumen und Organtransplantationen eine besondere Gefährdung für Streßläsionen, die durch die spezifische medikamentöse Behandlung gefordert wird.

Das Auftreten von Streßblutungen, eine typische Folge der Läsionen, ist besonders dann tragisch, wenn sich durch den akuten massiven Blutverlust Vitalfunktionen, die durch die verschiedenen agressiven Therapieformen der Intensivmedizin gerade kompensiert sind, so verschlechtern, daß wiederum ein lebensbedrohender Zustand entstanden ist. Die zunehmende Zahl von Intensivpatienten der letzten Jahre hat die Bemühungen intensiviert, durch prophylaktische Maßnahmen das Entstehen von Streßläsionen zu unterbinden.

Die gedankliche Voraussetzung einer wirkungsvollen Prophylaxe setzt ausreichende Grundkenntnisse der Pathogenese voraus. So haben die Erkenntnisse, die in den letzten Jahren über den Zusammenhang zwischen Histamin, Vagusaktivität, und Gastrinwirkung gewonnen wurden, wesentliche Voraussetzungen für die heute angewandten prophylaktischen Maßnahmen geschaffen. Trotzdem sind die Vorstellungen der Pathogenese immer noch im Wandel und zahlreiche Zusammenhänge unbekannt.

Erste erfolgreiche Formen der Prophylaxe hatten die Neutralisation und den Abtransport der Magensäure zum Ziel. Konsequente Antazidagabe und regelmäßige, enterale Ernährung, insbesondere die frühzeitige Sondenernährung, haben zweifelsohne zu ersten Erfolgen auf den Intensivstationen geführt (1, 2).

In den letzten Jahren ist es nunmehr gelungen, durch medikamentöse Blockade der H_2-Rezeptoren und mit Hilfe von Anticholinergika die Ergebnisse der Prophylaxe erheblich zu optimieren (siehe Kapitel: Londong, Sommerlatte). Es hat darüber hinaus den Anschein, daß sinnvolle Kombinationen der verschiedenen Maßnahmen in Einzelfällen besonders günstig wirkt.

Trotz konsequenter Prophylaxe treten aber auch heute noch Streßblutungen auf. Dies zeigt, daß die komplizierten Zusammenhänge der Entstehung noch nicht gänzlich überblickt werden und die therapeutischen Maßnahmen weiterer Verbesserung bedürfen.

Eine sichere Objektivierung von Diagnose und Therapieerfolg der Streßläsionen ist nur über eine endoskopische Untersuchung möglich. Diese Methode der Endoskopie hat sich auf Grund der hervorragenden technischen Entwicklung nicht nur zu einem verläßlichen Diagnostikum, sondern auch zu einem wertvollen Therapeutikum entwickelt. Koagulation und medikamentöse Verödung können in vielen Fällen die Blutung zum Stillstand bringen. Nur noch bei den schweren arteriellen Blutungen sowie bei Mißerfolgen der endoskopischen Behandlung ist heute ein operatives Vorgehen notwendig. Nicht zuletzt auf Grund dieser ungünstigen Selektion ist in diesen Fällen der operativen Behandlung mit einer hohen Mortalität von 50% zu rechnen (3).

Die verschiedenen spezifischen Maßnahmen von Prophylaxe und Therapie zur Behandlung von Streßläsionen darf jedoch darüber nicht hinwegtäuschen, daß die Verminderung des Stresses durch allgemeine Maßnahmen wie Sedierung, Oxygenierung, Volumensubstitution und Kreislauftherapie bei der Behandlung von Intensivpatienten immer im Vordergrund stehen muß. Gelingt es uns, den Streß zu vermeiden oder ihn auf ein Minimum zu reduzieren, wird auch die Streßblutung ein seltenes Ereignis sein.

Literatur

1 Fordtran, J.S., J.H. Walsh: Gastric acid secretion rate and buffer content of the stomach after coting: results in normal subjects and in patients with duodenal ulcer. J. Clin. Invest. 52 (1973) 645

2 McAlhany, J.C., A.J. Czaja, B.A. Pruitt: Antacid control of complications from acute gastroduodenal disease after burns. J. Trauma 16 (1976) 645

3 Priebe, E., J.J. Shillman, L.S. Bushnell, P.C. Long and W. Silen: Antacid versus cimetidine in preventing acute gastrointestinal bleeding. N. Engl. J. Med. 302 (1980) 426–430

Pathogenese der Streßläsionen

W.-P. Fritsch, Th. Scholten, J. Müller und K.-J. Hengels

Der Begriff Streß ist in der Physiologie nicht exakt definierbar. Im allgemeinen verstehen wir unter Streß eine Belastung, die vom Organismus nicht kompensiert werden kann.

Die Streßläsion stellt in der Regel einen akut auftretenden Defekt der gastroduodenalen Schleimhaut dar, der eine unterschiedliche Wandtiefe erreicht. Hierzu gehören die Erosionen und das Ulkus bis hin zur Ulkusperforation. Die Streßläsion ist nach SELYE als Adaptationskrankheit aufzufassen.

Tiere kompensieren bestimmte Belastungen wesentlich schlechter als der Mensch. Bei den Spezies Maus, Ratte, Meerschweinchen, Hund und Affe lassen sich Streßläsionen relativ leicht erzeugen. Der Streß wird durch Immobilisation, Kälteexposition und Pylorusverschluß hervorgerufen. Unter diesen tierexperimentellen Bedingungen lassen sich die zu den agressiven Faktoren zählenden Parameter:

Säuresekretion, Pepsinsekretion, Reflux-Häufigkeit und -Ausmaß, die Serum- bzw. Plasmakonzentration von Histamin, Gastrin, Katecholaminen und Glukokortikoiden und die zu den defensiven Mechanismen gehörenden Parameter: Schleimhautdurchblutung, Zellregeneration sowie Schleimproduktion und -zusammensetzung messen.

Weitere pathologische Aufschlüsse ergeben diese Untersuchungen, wenn sie zusätzlich nach vorheriger Gabe antimuskarinisch wirksamer Substanzen und nach Vagotomie durchgeführt werden.

So hat sich nach den Untersuchungen von KITAGAWA u. Mitarb. (16) gezeigt, daß unter Kälteexposition bei der Ratte die Säuresekretion ansteigt, während die Schleimhautdurchblutung konstant bleibt (Abb. 1). Im Gegensatz dazu findet sich bei jeder anderen Art der Säurestimulation eine positive Korrelation zwischen Säuresekretion und Schleimhautdurchblutung. Ferner gelang den Autoren der Nachweis einer Abhängigkeit zwischen Menge der sezernierten Säure und Ausmaß der Streßläsionen (Abb. 2). Sowohl nach vorheriger Gabe von Atropin wie Durchführung einer Vagotomie ließ sich durch Kälteexposition kein Anstieg der Säuresekretion nachweisen, die Durchblutung der Schleimhaut nahm unter Streßbedingungen signifikant ab, Streßläsionen traten unter diesen Bedingungen nicht auf.

Immobilisation und Kälteexposition führen bei der Ratte zur Histaminfreisetzung mit nachweisbaren Anstiegen der Plasmahistaminspiegel und der Histaminkonzentration der Magenschleimhaut (6, 29). Histamin führt in der Magenschleimhaut zur Vasodilatation in der Mikrozirkulation, erhöht die Gefäßpermeabilität und stimuliert die Säuresekretion (36, 38). Hemmstoffe der Histaminbildung wie das Katechin und das NSD 1055 können Streßläsionen unter diesen tierexperimentellen Bedingungen verhindern (20, 23, 24).

Streßbedingungen führen bei verschiedenen Säugetieren zu einer gesteigerten Freisetzung von Gastrin und Katecholaminen. Katecholamine bewirken über eine Stimulierung von β_2-Rezeptoren im Antrum eine Gastrinfreisetzung; eine vermehrte Gastrinfreisetzung führt zur Stimulation der Belegzellen (5).

Eine vermehrte Freisetzung von adrenokortikotropem Hormon unter Streßbedingungen bedingt eine erhöte Glukokortikoidkonzentration im Blut. Die Folge davon ist eine ver-

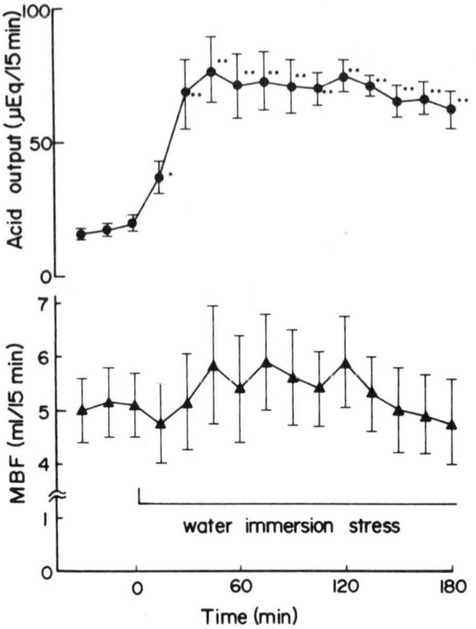

Abb. 1 Wirkung des Kältestreß (Eintauchen der Versuchstiere in 23° C Wasser) auf die Säuresekretion und die Magenschleimhautdurchblutung bei Ratten mit einer Magenfistel. (Kitagawa u. Mitarb. [16])

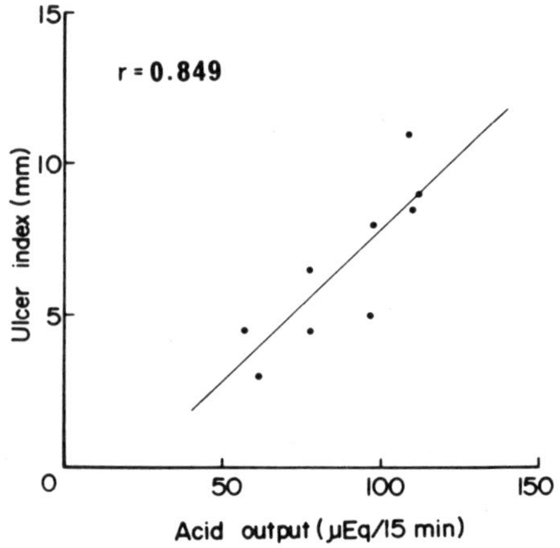

Abb. 2 Verhältnis von Magensäuresekretion zu Ulkusindex bei Ratten im Kältestreß (Eintauchen der Versuchstiere in 23° C Wasser) (*Kitagawa* u. Mitarb. [16])

minderte Zellregeneration der Magenschleimhaut, wie sie beim Hund nach Zufuhr von Cortison (13) und bei der Maus sowie beim Meerschweinchen unter Immobilisationsstreß beobachtet wurde (15, 24). Glukokortikoide sollen auf Grund der Ergebnisse vorwiegend französischer Autoren auch für eine Verminderung der Schleimproduktion und für eine qualitative Änderung des Schleimes verantwortlich sein (3, 26).

Die tierexperimentellen Untersuchungen haben zeigen können, daß die Ausbildung von Streßläsionen im allgemeinen mit einem Anstieg der agressiven Faktoren und einer Verminderung der defensiven Faktoren einhergehen.

Gehen wir nun der Frage nach: Was ist der gemeinsame Nenner für alle die bisher geschilderten Veränderungen einzelner Parameter?

Tierexperimentell ließ sich zeigen, daß die Stimulation der anterioren Hypothalamusabschnitte zu einem Anstieg der Säuresekretion führt. Die chronische Stimulation dieser Region bewirkt beim Hund eine Verdoppelung der Parietal- und Hauptzellmasse (12). Infolge der hypothalamischen Stimulation konnten auch Ulzera und Erosionen im Gastrointestinal-Trakt beobachtet werden. Demnach lassen sich allein durch eine Stimulation des anterioren Hypothalamus beim Tier Veränderungen bewirken, wie sie im Streßmodell beobachtet werden. Zentren des Hypothalamus steuern einmal vegetativ-nervöse Funktionen über den Nervus vagus, zum anderen hormonale Funktionen über die Hypophysen-Nebennieren-Achse.

Zum Verständnis der Pathogenese von Streßläsionen soll daher auf die bislang bekannten vagalen und adrenergen Funktionen beim Menschen eingegangen werden.

Der Vagotonus ist beim Menschen nicht meßbar. Ein physiologischer Vagusreiz stellt die Scheinfütterung dar. MAYER u. Mitarb. (25) konnten zeigen, daß Scheinfütterung einen Gastrinanstieg und eine gleichzeitig vermehrte Säuresekretion bewirkt (Abb. 3).

*** Vs controls $p<0.05$.**

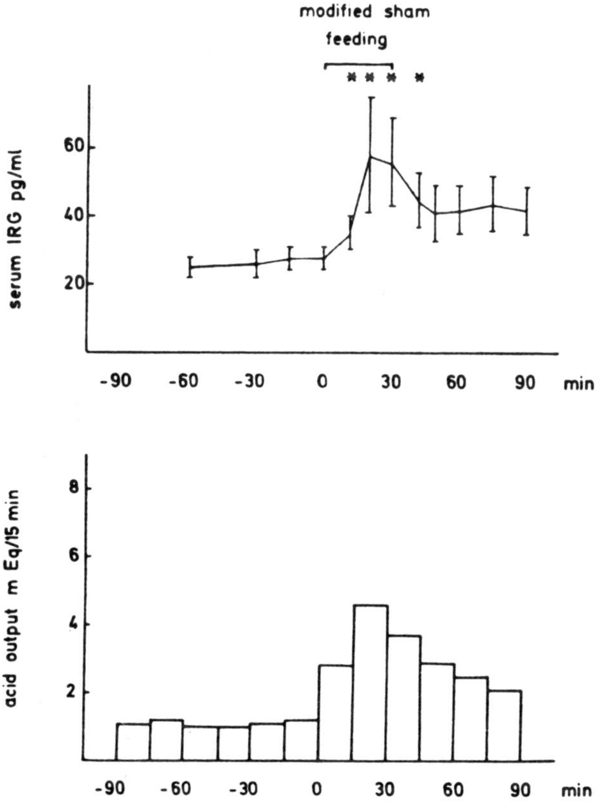

Abb. 3 Anstieg von Serumgastrin und Säuresekretion unter Scheinfütterung. (*Mayer* u. Mitarb. [25])

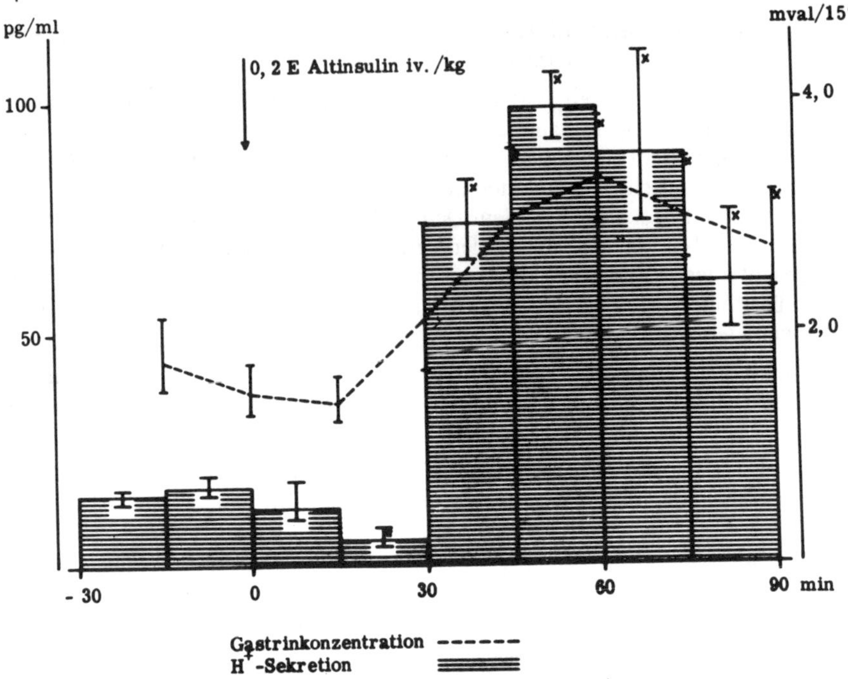

x : Signifikant gegenüber der Gastrinkonzentration bzw. der H^+-Sekretion zum Zeitpunkt 0 unterschieden

Ordinate links : Gastrinkonzentration im Serum (pg/ml)
rechts : H^+-Sekretion pro 15 Minuten (mval)
Abzisse : Zeit (min)

Abb. 4 Verhalten der Gastrinkonzentration im Serum und der H^+-Sekretion der Magenschleimhaut nach Insulinhypoglykämie (0,2 E Altinsulin iv./kg) bei *Normalpersonen (n = 5)*

Insulin-Hypoglykämie führt zu einem starken Vagusreiz, setzt jedoch darüber hinaus auch Katecholamine frei.
Bei Blutzuckerwerten unter 40 mg% kommt es zu einem Anstieg der Säuresekretion, der dem nach maximaler Pentagastrinstimulation entspricht. Gleichzeitig steigen die Gastrinspiegel wie nach einer proteinhaltigen Mahlzeit an (14, 17, 19, 34) (Abb. 4).

Der Gastrinanstieg ist jedoch nicht allein vagusbedingt, sondern wird auch durch Katecholamine hervorgerufen, wie STADIL u. Mitarb. zeigen konnten (35).

Eine selektive starke Vagusstimulation läßt sich intraoperativ im Verlauf einer Vagotomie durch elektrischen Vagusreiz hervorrufen. Es kommt zu einem starken Anstieg der Säuresekretion und gleichzeitig zu einer Gastrinfreisetzung im Blut. Nach der selektiv-proximalen Vagotomie ist die Säuresekretion durch Vagusreiz nicht mehr stimulierbar, obwohl je nach Skelettierung des Vagus an der kleinen Kurvatur noch ausreichend viel Gastrin über die Stimulation des Latarjet-Astes freigesetzt wirt (30) (Abb. 5). Damit wird deutlich, daß Gastrin in physiologischer Konzentration an der Belegzelle ohne Vagusinnervation nicht zu einer Stimulation der Säuresekretion führt.

Nach proximal-selektiver Vagotomie wird die Stimulierbarkeit der Belegzelle durch Gastrin und Histamin in pharmakologische optimaler Dosierung um etwa 70% ge-

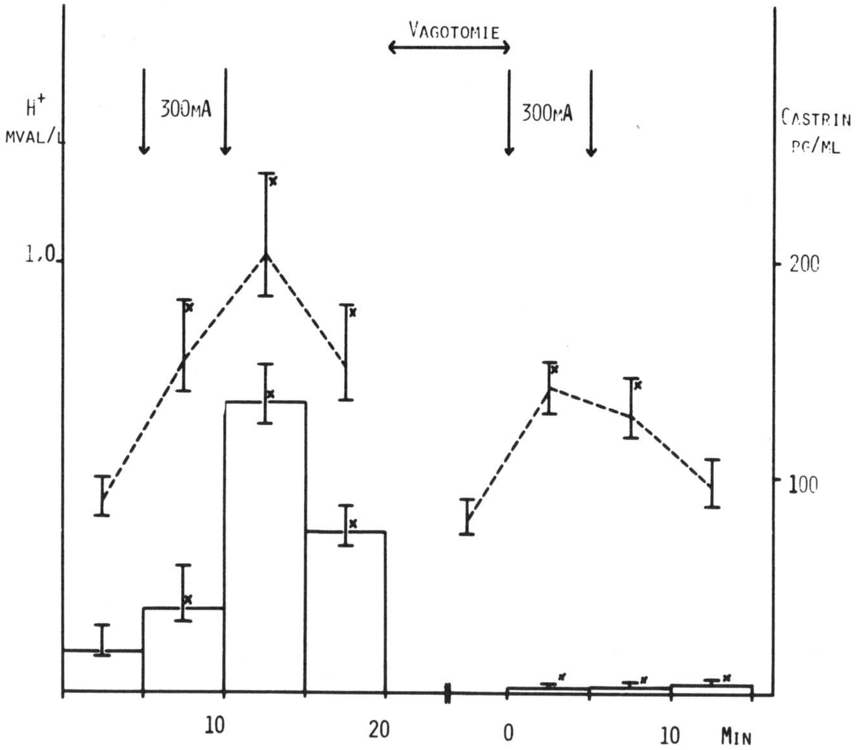

Abb. 5 Stimulation der H^+-Sekretion und des Serumgastrins durch intraoperativen Vagusreiz vor und nach proximaler selektiver Vagotomie bei Patienten mit Ulcus duodeni (n = 29)

mindert (11). Es erhebt sich nun die Frage, wie wirken Histamin, Gastrin und Vagus an der Belegzelle?

In den letzten Jahren wurde die Theorie von der gemeinsamen Endstrecke der Stimulation über Histamin am Histamin-H_2-Rezeptor der Belegzelle favorisiert (Abb. 6). Unterstützt wurde die Theorie auch dadurch, daß Untersuchungen an Belegzellsuspensionen des Rattenmagens wie an selektiven Fundusdrüsen-Präparationen des Kaninchens (1) keinen Hinweis auf einen Gastrinrezeptor erkennen ließen. So wurde angenommen, daß Gastrin aus Zellen der Belegzellnachbarschaft, z. B. aus Mastzellen, Histamin freisetzt, das dann am H_2-Rezeptor der Belegzelle zur Wirkung kommt. Der Angriffspunkt des Vagus an der Belegzelle blieb lange Zeit unklar. Carbachol, ein Parasympathikomimetikum, zeigt nur eine schwache stimulierende Wirkung auf die Belegzellen. Scheinfütterung stellt ebenfalls nur einen relativ schwachen Vagusreiz dar. Beide Stimulationsverfahren ließen sich somit nicht unbedingt auf das Vorhandensein eines cholinergen Rezeptors schließen.

Mit den bisher zur Verfügung stehenden Histamin-H_2-Rezeptor-Antagonisten Cimetidin und Ranitidin läßt sich die Säurestimulation durch Scheinfütterung beim Menschen nach den Untersuchungen von OLBE (32) und KONTUREK (18) unterdrücken. Beide Befunde sprechen also ebenfalls für die gemeinsame Endstrecke der Belegzellstimulation durch Histamin. Die Hemmwirkung von Cimetidin auf die basale Säuresekretion ist

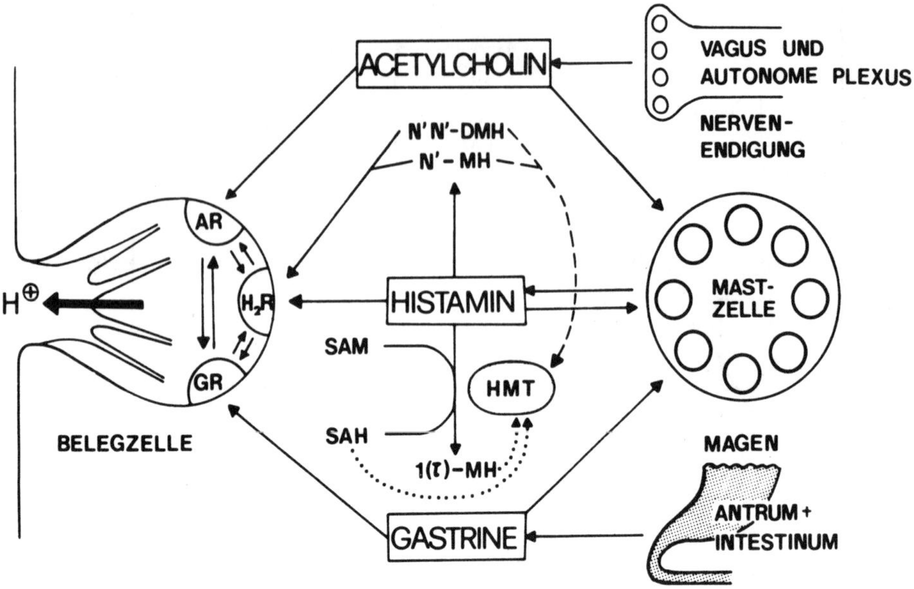

Abb. 6 Modell der Wirkungen von Histamin, Gastrinen und Vagus an der Belegzelle. (*Lorenz* u. Mitarb.: Europ. J. Pharmacol. 14 [1971] 155)

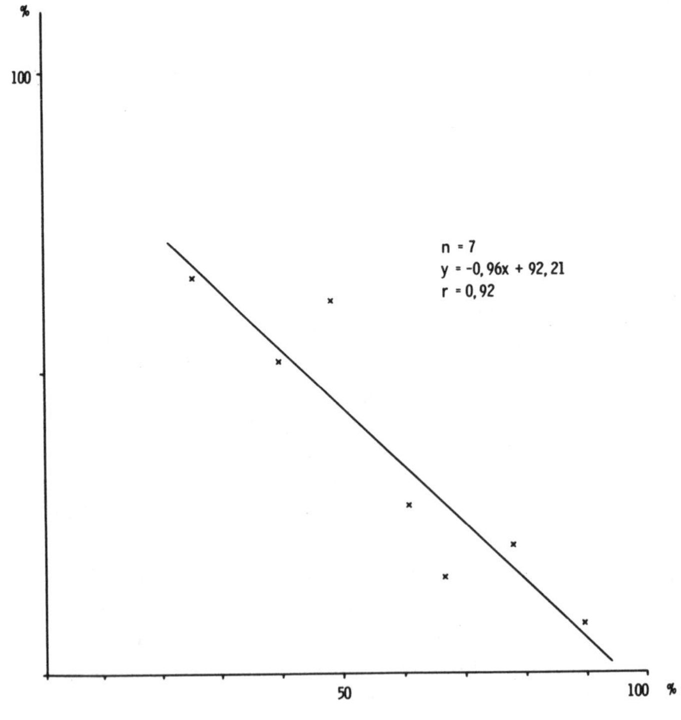

Abb. 7 Hemmung der Säuresekretion durch Cimetidin in Abhängigkeit vom Ausmaß der Vagus-stimulierten Säuresekretion. (300 m A 30'/min.) Ordinate: Vagus-stimulierte Sekretion in % der Pentagastrin-stimulierten Sekretion. Abszisse: %Hemmung der Vagus-stimulierten Sekretion durch Cimetidin.

jedoch geringer als auf die durch Histamin und Pentagastrin stimulierte Säuresekretion. PARSONS (28) sowie BRIMBLECOMBE (2) u. Mitarb. diskutierten daher eine geringere Wirksamkeit von Cimetidin auf eine mehr oder weniger cholinerg stimulierte Säuresekretion.

Wird durch elektrischen Vagusreiz beim Menschen eine relativ starke Säurestimulation erreicht, so zeigt sich tatsächlich in Abhängigkeit vom Ausmaß der Säurestimulation eine abnehmende Cimetidinhemmung (10) (Abb. 7). Wird unter den gleichen Bedingungen ein Anticholinergikum, wir haben Atropin und Pirenzepin gegeben, verabreicht, so zeigt sich auch bei maximaler vagaler Stimulation eine Säurehemmung von durchschnittlich 45% (8, 9).

Das bedeutet, daß wir heute davon auszugehen haben, daß an der Belegzelle sowohl ein H_2-Rezeptor als auch ein cholinerger Rezeptor vorhanden ist. Die Untersuchungsergebnisse lassen darauf schließen, daß der Vagus sowohl die Belegzelle über einen cholinergen Rezeptor direkt als auch indirekt über eine Wirkung, z. B. an der Mastzelle, mit Histaminfreisetzung und damit über den H_2-Rezeptor stimuliert. Beide Rezeptoren beeinflussen sich gegenseitig. Fällt die Stimulation über den cholinergen Rezeptor aus, ist die Empfindlichkeit der Belegzelle über den H_2-Rezeptor deutlich gemindert. Werden von beiden Rezeptoren die Agonisten Histamin und Acetylcholin durch Pharmaka verdrängt, so kommt es entsprechend dieser Vorstellung nicht zur additiven, sondern zu einer potenzierenden Hemmwirkung auf die Belegzellsekretion, wie wir das nach Gabe von Cimetidin und einem Anticholinergikum nachweisen konnten (7, 31) (Abb. 8).

Über die adrenergen Wirkungen auf die Magenschleimhaut des Menschen ist vergleichsweise wenig bekannt. Veränderungen der Zellregeneration, des Magenschleims und der Schleimproduktion sowie das Auftreten einer Schleimhautischämie sind noch weitgehend hypothetisch und im wesentlichen abgeleitet von den bereits erwähnten tierexperimentellen Ergebnissen.

Streßläsionen treten beim Menschen nur bei schweren Belastungen des Organismus auf. So bei Verbrennungen, wenn die Körperoberfläche in mehr als 15% betroffen ist, bei schweren Traumen, Blutverlusten, bei respiratorischer und kardialer Insuffizienz, bei septischen Krankheitsbildern, Pneumonie, Typhus, Tetanus, bei neurologischen Erkrankungen wie Hirntumoren und Poliomyelitis sowie nach ausgedehnten chirurgischen und neurochirurgischen Eingriffen. Bei Eingriffen am Gehirn kommt es wahrscheinlich durch Reizung vegetativer Zentren im Hypothalamus zur gesteigerten Vagustätigkeit.

Bei vielen der aufgeführten schweren Belastungen des Menschen konnten inzwischen durch die Entwicklung einer empfindlichen Bestimmungsmethode für Histamin im Plasma von der Arbeitsgruppe um LORENZ (22) erhöhte Plasma-Histaminspiegel nachgewiesen werden. Darüber hinaus finden sich erhöhte Plasma-Histaminspiegel nach Gabe von Narkotika und Blutersatzmitteln (21).

Bislang nicht eindeutig geklärt sind die Fragen:
Liegt unter Streßbedingungen beim Menschen eine gesteigerte Säuresekretion vor, ist die Pepsinsekretion erhöht, sind die defensiven Mechanismen vermindert?

Bisherige Untersuchungen über den Einfluß des zentralen Nervensystems auf das Verhalten der Magensekretion beim Menschen haben unterschiedliche Ergebnisse erkennen lassen. Erwähnt sei eine Studie von WOLF u. WOLFF (37), die an einem mit einer Magenfistel versehenen Probanden den Einfluß verschiedener Emotionen auf die Magensekretion überprüfen konnten. Ihre Untersuchungen ergaben einen Anstieg der Magensekretion bei aggressiver Gemütslage, eine Hemmung der Sekretion bei Angst und depres-

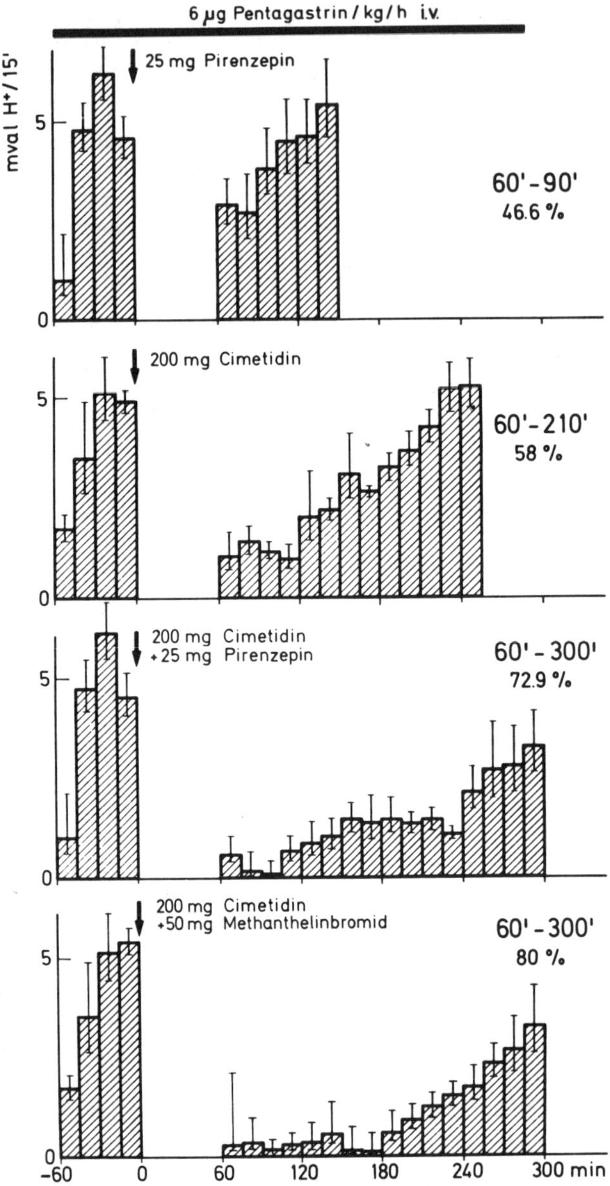

Abb. 8 Hemmung der Pentagastrin-stimulierten Säuresekretion: Dauer und Ausmaß nach Gabe von Pirenzepin, Cimetidin, Cimetidin + Pirenzepin und Cimetidin + Methanthelinbromid

siver Stimmungslage. Hypnose kann die Säuresekretion zum Versiegen bringen. Bei Patienten einer chirurgischen Intensivstation wurde der duodenogastrische Reflux von SCHUMPELICK u. RAUCHENBERGER untersucht (33). Schwerkranke Intensivpatienten zeigten einen gegenüber Normalpersonen vielfach gesteigerten Reflux (Abb. 9). Sein Ausmaß korrelierte mit der Häufigkeit von Erosionen oder Streßulzera.

Zwei Fakten scheinen für die Entstehung von Läsionen im Bereich der gastroduodenalen Schleimhaut bei Patienten mit schweren Belastungen wichtig:

Einmal ist es die nachgewiesene Säurestimulation durch die Infusion von Aminosäuren bei vollständiger parenteraler Ernährung, wie sie bei diesen Patienten in der Akutsituation die Regel ist. Dieser Effekt sollte bei den bisherigen pathophysiologischen Überlegungen zusätzlich Berücksichtigung finden. Zum anderen ist daran zu denken, daß von den schwerkranken Patienten unter Streßsituation einige a priori zur Ausbildung von Schleimhautläsionen prädisponiert sind. In einer prospektiv durchgeführten Studie konnten FIDDIAN-GREEN u. Mitarb. (4) zeigen, daß das Risiko, an einem peptischen Ulkus zu erkranken, mit der stimulierten Säuresekretion eng korreliert. Bereits im Jahre 1960 konnte MIRSKY (27) nachweisen, daß junge Männer mit sehr hohen Blutpepsinogenspiegeln während einer 16wöchigen Grundausbildung im Heer zu 15% ein Ulkus entwickelten, während in der Gruppe mit niedrigen Pepsinogenkonzentrationen keiner ein Ulkus bekam. Aus diesen Ergebnissen kann geschlossen werden, daß unter Belastunten diejenigen Menschen besonders schnell Streßläsionen entwickeln, die auf Grund ihrer erhöhten Säuresekretion bereits zum Ulkus prädisponiert sind.

Zusammengefaßt läßt sich feststellen, daß unsere pathophysiologischen Vorstellungen der Entwicklung von Streßläsionen sehr lückenhaft sind, im wesentlichen von tierexperimentellen Untersuchungen abgeleitet werden und vieles noch rein spekulativ erscheint. Unser heutiges Konzept der Pathogenese von Streßläsionen lastet übermäßig stark auf dem Prinzip der Säure, wenngleich von tierexperimentellen Untersuchungen her Hin-

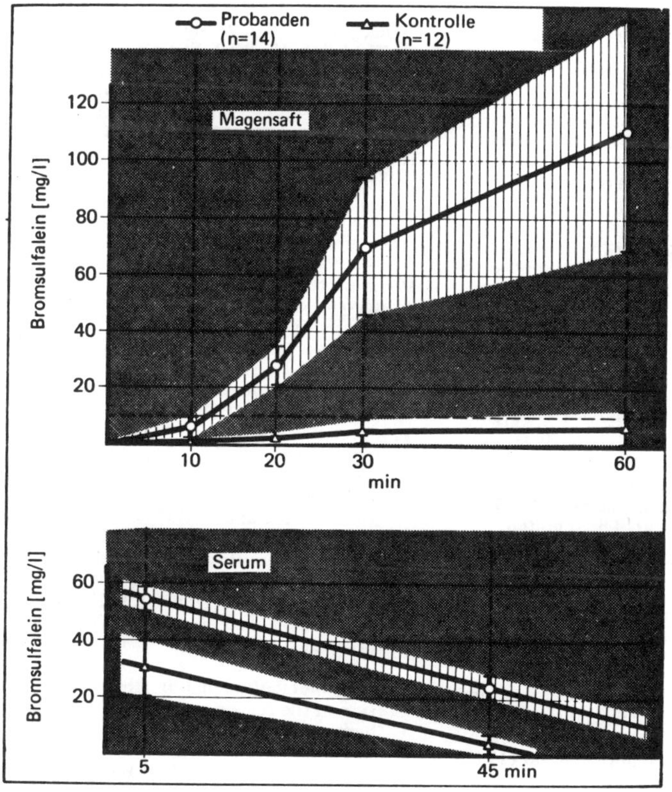

Abb. 9 Duodenogastrischer Reflux bei schwerkranken Patienten einer Intensivstation und gesunden Kontrollpersonen (*Schumpelick* u. Mitarb. [33])

weise für herabgesetzte Defensivmechanismen vorliegen. Die bislang erarbeiteten pathophysiologischen Vorstellungen ergeben Hinweise darauf, daß bei Patienten unter Streßbedingungen eine medikamentöse Therapie, die zur Neutralisierung der gebildeten Säure oder Herabsetzung der Säuresekretion führt, für die Prophylaxe von Streßläsionen hilfreich sein kann.

Literatur

1 Berglindh, T., H.F. Helander, K.J. Obrink: Effects of secreta gogues on oxygen consumption, aminopyrine accumulation and morphology in isolated gastric glands. Acta physiol. scand. 97 (1976) 401–404

2 Brimbelcombe, R.W., W.A.M. Duncan: The relevance to man of pre-clinical data for cimetidine. In W.L. Burland, M.A. Simkins: Proceedings of the second international symposium on histamine H_2-receptor antagonists. Excerpta Medica, Amsterdam 1977

3 Des Baillets, L., R. Menguy: Inhibition of gastric mucosa secretion by ACTH. Amer. J. dig. Dis. 12 (1967) 582

4 Fiddian-Green, R.G., S. Bank, I.N. Marks, J.H. Louw: Maximum acid output and risk of peptic ulcer. Lancet 1976/II, 1367–1369

5 Fielding, L.P., M. Raute, B.P. Curwain: Effect of salbumatol on acurate gastric ulceration induced by indomethacin in the rat. Europ. surg. Res. 9 (1977) 252–257

6 Feifel, G., W. Lorenz, A. Huhnd, B. Zboralski: Die Bedeutung von Histamin bei der Pathogenese akuter Erosionen im Rattenmagen. Res. ges. exp. Med. 157 (1972) 206–207

7 Fritsch, W.-P.: Andere Sekretionshemmer und Medikamente zur Förderung der Schleimhautresistenz. In: Blum, A.L., J.R. Siewert: Ulcustherapie. Springer, Berlin 1978

8 Fritsch, W.-P., U. Schlacht, Th. Scholten, J.E. Müller, K.-J. Hengels, K. Strasser: Hemmung der Vagus- und Pentagastrin-stimulierten Säuresekretion durch Cometidin, Atropin und Pirenzepin-Dihydrochlorid. Verh. dtsch. Ges. inn. Med. 85 (1979) 1267–1269

9 Fritsch, W.-P., U. Schact, Th. Scholten, K.-J. Hengels, J.E. Müller, K. Strasser: Hinweise für einen cholinergen Rezeptor an der Belegzelle. Vortrag bei der 34. Tagung der Deutschen Gesellschaft für Verdauungs- und Stoffwechselkrankheiten. Garmisch 1979

10 Fritsch, W.-P., U. Schacht, Th. Scholten, K.-J. Hengels, J. Müller, N. Jäger, K. Strasser: Cimetidinwirkung auf die durch intraoperativen elektrischen Vagusreiz freigesetzte H^+-Sekretion bei Patienten mit Ulcus duodeni. Verh. dtsch. Ges. f. inn. Med. 84 (1978) 988–991

11 Fritsch, W.-P., U. Schacht, G. Jacobs, Th. Scholten, W. Rich: H^+-Sekretion und Serumgastrin bei Patienten mit Ulcus duodeni vor und 1 Jahr nach proximaler selektiver Vagotomie. Verh. dtsch. Ges. inn. Med. 83 (1977) 429–432

12 George, J.D.: New clinical method for measuring the rate of gastric emptying: the double sampling test meal Gut 9 (1968) 237–242

13 Gerard, A.: Histochemical studies of the fundic mucosa of the stomacid in dogs treated by-ulcerogenic drugs. C.R. Soc. Biol. (Paris) 159 (1965) 1473

14 Hansky, J., M.G. Korman, D.J. Cowley, J.H. Baron: Serumgastrin in duodenal ulcer. II. Effect of insulin hypoglycaemia. Gut 12 (1971) 1103

15 Kim, Y.S., R. Kerr, M. Lipkin: Cell proliferation during the development of stress erosions in mouse stomach. Nature 215 (1967) 1180

16 Kitagawa, H., M. Fujiwara, Y. Osumi: Effects of water-immersion stress on gastric secretion and mucosal blood flow in rats. Gastroenterelogy 77 (1979) 298–302

17 Kleybrink, H., W.-P. Fritsch, T.-U. Hausamen, W. Rick, U. Schact: Serumgastrin und H^+-Sekretion nach Vagusstimulation bei Normalpersonen und Patienten mit Ulcus duodeni. Med. Welt 26 (1975) 1640

18 Konturek, S.J., J. Oleksy. W. Obtulowicz, E. Sito: Inhibition of cholinergic, meal-, pentagastrin- and histamine-induced gastric secretion by ranitidine in duodenal ulcer patients. Comparison with cimetidine. Ranitidine – Symposium Frankfurt/M 1979

19 La Barre, J., C. De Cespedes: Role du système nerveux central dans l'hypersecretion gastrique consécutive à l'administration d'insuline. C.R. Soc. Biol. (Paris) 106 (1931) 1249

20 Levine, R.J., E.C. Senay: Histamine in the pathogenesis of stress ulcer in the rat. Amer. J. Physiol. 214 (1968) 892

21 Lorenz, W.: Histamin H_2-Rezeptor antagonisten. Dtsch. Ärztebl. 75 (1978) 173

22 Lorenz, W., L. Benesch, H. Barth, E. Matejka, R. Meyer, J. Kusche, M. Hutzel, E. Werle: Fluorometric assay of histamine in tissues and body fluids: Choise of the purification procedure and identification in the monogram range. Z. analyt. Chem. 252 (1970) 94–98

23 Lorenz, W., H.-J. Reimann, J. Kusche, H. Barth, A. Schmal, H. Nusime, G. Schülle, R. Froelich, J. Schmidt, R. Raabe: Effects of (+) – catechin on several enzymes of histamine metabolism and on stress ulcer formation in the female rat. Naumyn-Schmiedebergs Arch. Pharmacol. Suppl. 287 (1976) 62

24 Ludwig, W.M., M. Lipkin: Biochemical and cytological alterations in gastric mucosa of

guinea pigs under restraint stress. Gastroenterology 56 (1969) 895

25 Mayer, G., R. Arnold, G. Feurle, K. Fuchs, H. Ketterer, N.S. Track, W. Creutzfeld: Influence of feeding and sham feeding upon serum gastrin and gastric acid secretion on control subjects and duodenal ulcer patients. Scand. J. Gastroenterol. 9 (1974) 703–710

26 Menguy, R., Y.F. Masters: Effect of cortisone on mucoprotein secretion by gastric antrum of dogs: pathogenesis of streoid ulcer. Surgery 54 (1963) 19

27 Mirsky, A.: Physiologic, Psychologic and social determinants of psychosomatic disorders. Dis. nerv. Syst. 21 (1960) 2, 50

28 Parsons, M.E.: The antagonism of histamine H_2-Receptors in vitro and in vivo with particular reference to the actions of cimetidine. In Burland, W.L., M.A. Simkins: Proceedings of the second international Symposium on histamine H_2-receptor antagonists. Excerpta Medica, Amsterdam 1977

29 Reimann, H.-J., W. Lorenz, M. Fischer, R. Fröhlich, H.-J. Meyer, A. Schmal: Histamine and acute haemorrhagic lesions in rat gastric mucosa: prevention of stress ulcer formation by (3) -catechin, an inhibitor of specific histidine decarboxylase in vitro. Agents and Actions 7 (1977) 69–73

30 Schacht, U., W.-P. Fritsch, P. Rumpf, G. Jacobs, T.-U. Hausamen: Stimulation der H^+-Sekretion und des Serumgastrins durch intraoperativen elektrischen Vagusreiz vor und nach proximaler selektiver Vagotomie. Dtsch. med. Wschr. 102 (1977) 894–896

31 Scholten, Th., W.-P. Fritsch, J.E. Müller, K.-J. Hengels: Langzeitsuppression der H^+-Sekretion durch Kombination von Cimetidin und Methanthelinbromid. Dtsch. med. Wschr. 104 (1979) 1849–1853

32 Schön, I.-M., L. Olbe: Effect of cimetidine on cholinergic reflux stimulation of gastric acid secretion in duodenal ulcer patients. In W.L. Burland, M.A. Simkins: Proccedings of the second international symposium on hostamine H_2-receptor antagonists. Excerpta Medica, Amsterdam 1977

33 Schumpelick, V., B. Rauchenberger: Duodenogastraler Reflux und Streßulcus. Dtsch. med. Wschr. 101 (1976) 1647–1649

34 Stadil, F., J.F. Rehfeld: Hypoglycaemic release of gastrin in man. Scand. J. Gastroent. 7 (1972) 509

35 Stadil, F., J.F. Rehfeld: Gastrin response to insulin after selective, highly selective and truncal vagotomy. Gastroenterology 66 (1974) 7

36 Weiner, R., B.M. Altura: Serotonin-Bradykinin synergism in the mammalian capillary bed. Proc. Soc. exp. Med. (N.Y.) 124 (1967) 494

37 Wolf, S., H.G. Wolff: Human gastric function. Oxford University Press, New York 1943

38 Zweifach, B.W.: The behavior of the vascular barrier during tissue injury. Bibl. anat. (Basel) 4 (1964) 21

Endoskopische Diagnostik der Streßläsionen

W. Rösch

Über die Tatsache, daß Streßläsionen des oberen Verdauungstrakts nur endoskopisch zu diagnostizieren sind, braucht nicht diskutiert zu werden, da eine radiologische Diagnostik bei den meist hochgradig in ihrem Allgemeinzustand beeinträchtigten Patienten (Intensivstation, Polytrauma, Verbrennungen) nicht in Frage kommt und bei den häufig vorliegenden Schleimhautläsionen auch negativ bleiben müßte. Auch über die Bedeutung der Notfallendoskopie hinsichtlich Lokalisation der Blutungsquelle und Einfluß dieser diagnostischen Maßnahme auf die weitere Prognose des Patienten soll hier nicht näher eingegangen werden.

Prinzipiell haben wir es bei den sogenannten Streßläsionen entweder um erosive Schleimhautdefekte zu tun, die die Muscularis mucosae nicht penetrieren und die innerhalb weniger Tage abheilen, oder um tiefergreifende Defekte, die als akutes Ulkus zu interpretieren sind, und die zu ihrer Abheilung Wochen benötigen. Als differentialdiagnostisches Kriterium, das man allerdings im Rahmen der Notfalldiagnostik nur selten anwendet, gilt zum einen die Beobachtung, daß Schleimhauterosionen mit der Biopsiezange ins Lumen gezogen werden können, während Ulzera auf der Unterlage fixiert sind, zum anderen die Tatsache, daß Erosionen von der Peristaltik miterfaßt und verformt werden, während dies bei Streßulzera nicht der Fall ist.

Eine Zwischenstellung zwischen umschriebenen Erosionen und Streßulzera nimmt die sogenannte „akute hämorrhagische Gastritis" ein, bei der es diffus aus der Korpusschleimhaut blutet (Abb. 1, s. Farbtafel).

Die *akuten Erosionen* zeigen im Gegensatz zu den chronischen Erosionen keine Umgebungsreaktion in Form eines Schwellungshofs (25). Initialstadium ist möglicherweise eine Erythrodiapedese in die Mukosa, da man gelegentlich Reste einer intramukösen Blutung ohne Epitheldefekt findet. Klassischerweise imponiert die akute Erosion jedoch als hämorrhagischer Fleck, entweder solitär oder multipel, im Antrum oder bevorzugt im Korpus lokalisiert und mit einem Koagel oder Haematin bedeckt (Abb. 2). Grosso modo scheinen die isolierten blutenden Korpuserosionen eher Folge einer lokalisierten Minder- oder Mangeldurchblutung zu sein, während akute Antrumerosionen häufiger peptischer Natur sind, z. B. im Rahmen einer Magenausgangsstenose entstanden, oder auf die Einnahme von Medikamenten zurückzuführen sind (Abb. 3). Seltener sind Gerinnungsstörungen oder die Einnahme von Antikoagulantien Ursache petechialer Schleimhautblutungen, die von akuten Erosionen oder einer akuten hämorrhagischen Gastritis nicht zu differenzieren sind. Auch ein Nebeneinander von akuten und chronischen Erosionen ist bei medikamenteninduzierten Erosionen möglich. Der von einigen Autoren mitgeteilte rasche Abfall bei der Identifizierung der Blutungsquelle (von 78% auf 32% innerhalb 48h) zeigt, wie rasch Erosionen verschwinden können (4). Da es sich um Schleimhautläsionen handelt, heilen sie ohne Narbenbildung ab.

Das *Streßulkus* ist als solches schwieriger zu diagnostizieren, da die Unterscheidung zwischen einem chronischen, bislang klinisch stumm verlaufenden Geschwür, das aus irgendeinen Grund (Ischämie, exogene Noxen) zu bluten beginnt, und akut aufgetretenen Geschwüren, problematisch ist. Für ein „Streßulkus" spricht das gemeinsame Vorkommen

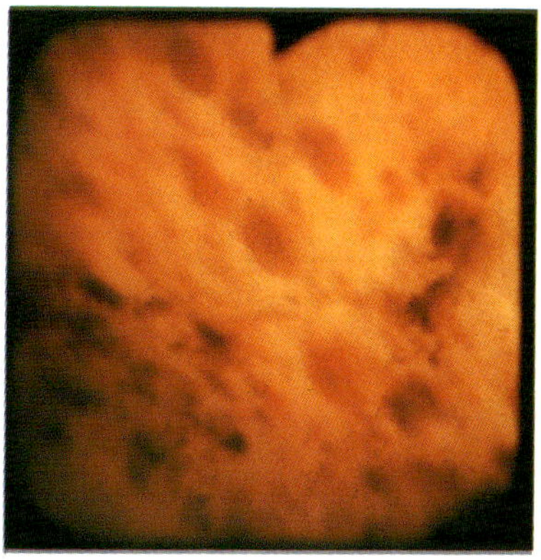

Abb. 1 Diffuse hämorrhagisch-erosive Gastritis

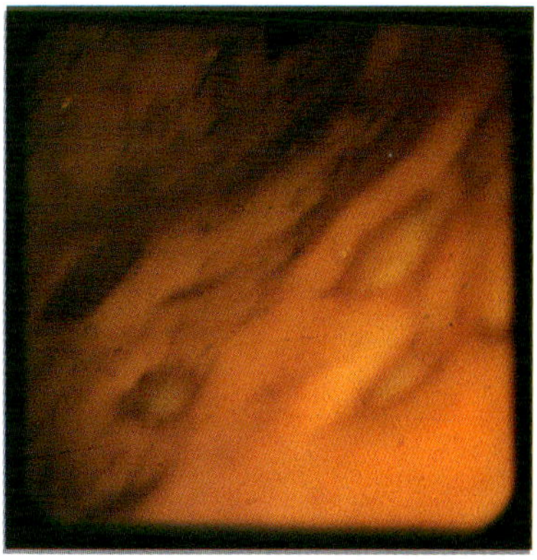

Abb. 4 Multiple Streßulzera im Corpus ventriculi

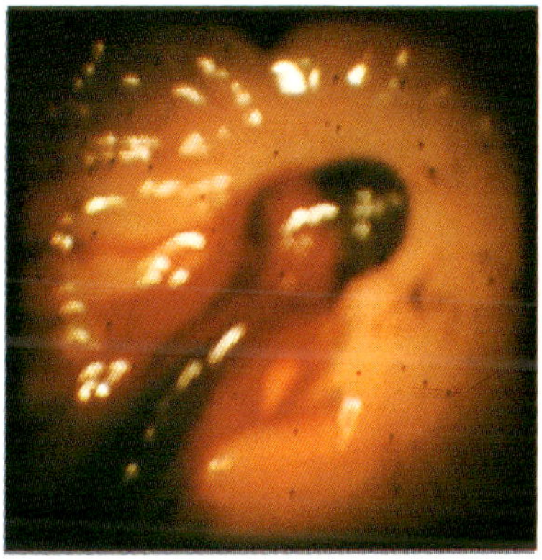

Abb. 2 Solitäre blutende Korpuserosion mit adhärentem Koagel

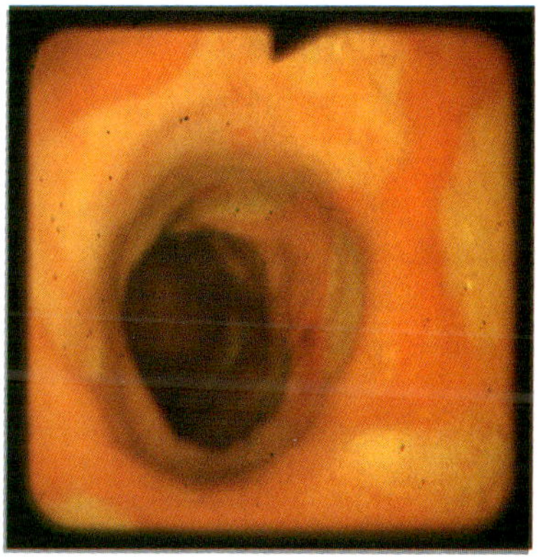

Abb. 5 Streßulzera in Zylinderzellmetaplasie der Speiseröhre

Abb. 3 Akute Antrumerosionen bei Magenausgangsstenose

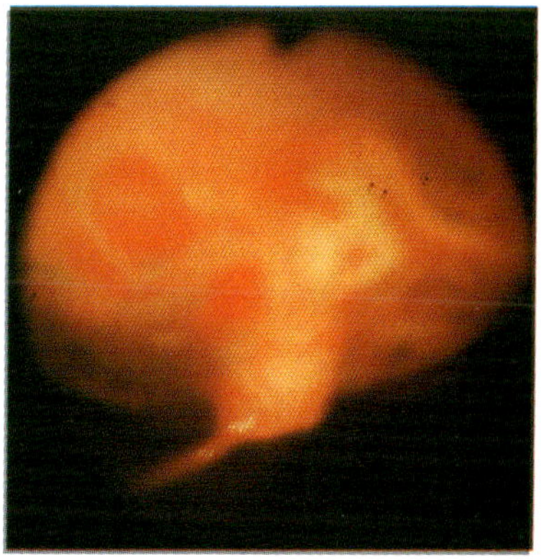

Abb. 6 Exulceratio simplex Dieulafoy mit Gefäßstumpf im Erosionsgrund; arteriell spritzende Blutung

von meist multiplen Ulzera und akuten Erosionen, die Lokalisation in säureproduzierender Schleimhaut sowie ein wie ausgestanzt erscheinender Defekt mit schmutzig braunschwarzem Geschwürsgrund (Abb. 4). Streßulzera können in der Speiseröhre bei einer Zylinderzellmetaplasie lokalisiert sein (Abb. 5), sie kommen in allen Magenabschnitten vor und greifen bei Lokalisation im Bulbus häufig auf die postbulbäre Region über. Eine narbige Verformung des Bulbus spricht gegen ein Streßulkus, auch bei einer Lokalisation im Magen an den „klassischen" Stellen des chronischen Geschwürs (Angulus, kleine Kurvatur) wären wir mit der Interpretation als Streßulkus zurückhaltend. Kennzeichnend für das akute Ulkus ist ferner die Beobachtung, daß dieses rascher als das chronische peptische Geschwür abheilt, daß eine Umgebungsreaktion im Sinne eines Kollateralödems mit aufgeworfenem Randwall meist fehlt und daß infolge des Fehlens eines Schwielengewebes eine Narbenbildung zumeist unterbleibt. Histologisch findet man in der Biopsie als gleichsam weiterentwickeltes Phasenbild der fibrinoiden Leistenspitzennekrose der Erosion eine charakteristische Quellungsnekrose im Geschwürsgrund, während das chronische Ulkus durch die von ASKANAZY beschriebene Schichtenfolge gekennzeichnet ist (3).

Eine Sonderform stellt möglicherweise das akute Magengeschwür des Jugendlichen dar (2, 28). Mitunter findet man hier in Verbindung mit plötzlich einsetzenden heftigen Oberbauchschmerzen, Übelkeit, Brechreiz und Hämatemesis oder Teerstuhl nach Alkoholgenuß, psychischen oder physischen Streßsituationen multiple, fast das gesamte Antrum einnehmende serpiginöse Erosionen in einer ödematös verquollenen Schleimhaut. Nach einigen Tagen stoßen sich die braunschwarzen Beläge ab und es resultieren mehr oder weniger symmetrische Ulzera mit irregulären Randkonturen, die nach rascher Beschwerdefreiheit innerhalb kurzer Zeit abheilen, gelegentlich jedoch als Ausdruck eines Narbenstadiums eine Faltenkonvergenz hinterlassen. Ein Übergang in ein chronisches Ulkusleiden mit Rezidivneigung ist nicht beobachtet worden.

Tabelle 1 Häufigkeit von Streßläsionen im endoskopischen Untersuchungsgut

Notfallendoskopien, insgesamt	10,5% (EU)	36,3% (USA)
Leberzirrhose	57% bis	81,5%
Leberversagen		85%
Intern. Intensivstation		89%
Verbrennungen		82%
Schädel-Hirn-Trauma		75%
Karzinompatienten		47%
Alkohol und Aspirin	22,3% bis	65%

Zahlenangaben über die Häufigkeit von Streßläsionen im endoskopischen Untersuchungsgut variieren beträchtlich. Sie liegen im internistischen Krankengut in der Regel deutlich niedriger als im chirurgischen (26). Prospektive Studien bei polytraumatisierten Patienten (27), bei denen routinemäßig am 3. und 7. Tag endoskopiert wurde, zeigen, daß mit Streßläsionen bei praktisch jedem Patienten zu rechnen ist (23/24 Patienten). Ähnliche Angaben liegen von Intensivstationen vor, wo 89% aller beobachteten Blutungen auf Streßläsionen zurückzuführen waren (1). Gehäuft werden Streßblutungen ferner bei Schädelhirntraumen (11), Patienten mit Leberzirrhose und bekannten Ösophagusvarizen (10, 19, 31), im Leberversagen (5), bei chronischer Niereninsuffizienz (17) und bei Karzinompatienten (14) beobachtet.

Endoskopisch läßt sich das Auftreten akuter Schleimhautläsionen nach Gabe von Histamin (24) und nach Einnahme von Acetylsalizylsäure (25) direkt beobachten. Über die

Korrelation zwischen Medikamenten- bzw. Alkoholeinnahme und dem Auftreten akuter Magenblutungen sind eine Reihe von Studien publiziert worden. So fanden IGLESIAS u. Mitarb. (9) bei Notfallendoskopien eine hämorrhagisch erosive Gastritis als Blutungsquelle in 27,3%, bei Patienten mit vorausgegangenem Alkoholabusus bzw. der Einnahme ulzerogener Medikamente in 48,2%. KAPP u. Mitarb. (12) geben in einer prospektiven Studie in der Schweiz die Inzidenz von medikamentös- oder alkoholinduzierten Läsionen mit 65% an, POHLE u. Mitarb. (22) konnten bei 38,5% ihrer Patienten die Einnahme von Aspirin, Kortison oder Pyrazolon-Derivaten vor der stationären Einweisung wegen einer akuten Blutung eruieren.

Bei dem nicht seltenen Vorkommen akuter Schleimhautläsionen und anderer potentieller oder wahrscheinlicher Blutungsquellen (Ösophagusvarizen, Ulcus pepticum) sollte man kritisch abwägen, woraus die Blutung erfolgte, wenn keine eindeutigen Hinweise auf die aktuelle Blutungsquelle mehr vorliegen. Zum einen können durch die mancherorts noch praktizierte Eiswasserspülung mechanisch akute Schleimhautläsionen gesetzt werden, die möglicherweise zum Zeitpunkt der Notfallendoskopie noch bluten, zum anderen kann jede stärkere Ulkusblutung über eine Perfusions-Ischämie der Schleimhaut sekundär akute Erosionen induzieren, die dann fälschlicherweise für die aktuelle Blutungsquelle gehalten werden (Tab. 2).

Die Notfallendoskopie erschöpft sich heute nicht mehr in der exakten Lokalisation einer Blutungsquelle, sondern versucht auch, therapeutisch aktiv zu werden. Bei den akuten Schleimhautläsionen sind hierbei mehrere Möglichkeiten zu diskutieren, nachdem die Ineffektivität der Eiswasserspülung als blutstillende Maßnahme nachgewiesen werden konnte (7). Das Aufträufeln von Suprarenin bzw. das Aufsprühen von Thrombin oder Fibrinogen kann in Einzelfällen zu einem Sistieren der Blutung führen (15). Ähnliches

Tabelle 2 Notfallendoskopie 01.01.1970–30.06.1979 (*n* = 1424)

a) *Übersicht*				
Verifizierte Blutungsquellen			898	(63,0%)
Potentielle Blutungsquellen			371	(26,1%)
Mehrfachbefunde	285	(20,0%)		
Keine Blutungsquelle bei sicherer oberer GI-Blutung			50	(3,5%)
Normalbefund (Blutung aus unterem Verdauungstrakt)			107	(7,4%)
b) *Verifizierte Blutungsquellen*			*n = 898*	
Ulcus ventriculi, Anastomosenulkus			214	(23,8%)
Ulcus duodeni, Duodenalerosionen			229	(25,5%)
Ösophagus-Fundusvarizen			138	(15,4%)
Refluxösophagitis			104	(11,7%)
Magenerosionen			94	(10,5%)
Mallory-Weiss-Syndrom, Exulc. simplex Dieulafoy, M. Osler			77	(8,6%)
Magentumoren			42	(4,5%)
c) *Potentielle Blutungsquellen*			*n = 371*	
Ulcus duodeni			102	(27,5%)
Magenerosionen			77	(20,7%)
Ulcus ventriculi, Anastomosenulkus			71	(19,1%)
Ösophagus-Fundusvarizen			47	(12,7%)
Refluxösophagitis			49	(13,2%)
Seltene Ursachen			17	(4,6%)
Magentumoren			8	(2,2%)

gilt für die Applikation eines Acrylsäurepolymers (13, 18, 23), effektiver scheint bei einer umschriebenen Blutung die endoskopische Unterspritzung mit 1%igem Aethoxysclerol zu sein (29). Von PAPP (21) ist über günstige Ergebnisse bei Erosionsblutungen mit der Elektrokoagulation berichtet worden, die heute von der Elektro-Hydro-Thermosonde abgelöst werden dürfte (19). Schließlich soll noch der Einsatz des Argon- oder Neodym-Yag-Lasers erwähnt werden, mit dem sicher die meisten Streßblutungen zum Stillstand gebracht werden können (6).

Im Rahmen der differentialdiagnostischen Erörterung soll noch kurz auf die Exulceratio simple Dieulafoy eingegangen werden (Abb. 6), die bei einer Notfallendoskopie als solitäre blutende Korpuserosion imponiert. Bei diesem Befund ist es einmal durchaus erlaubt, ein wandadhärentes Koagel zu entfernen und eine erneute Blutung aus der submukös liegenden großkalibrigen Arterie (Kaliberpersistenz) zu induzieren. Nur dann besteht häufig für den Chirurgen die Chance, das Gefäß aufzufinden und zu umstechen bzw. zu exzidieren. Gefäßmißbildungen, wie sie im Antrum gelegentlich als diffuse Teleangiektasien, vorwiegend bei Frauen mit Leberzirrhose oder im Rahmen eines Morbus Osler angetroffen werden, können im akuten Blutungsstadium ebenfalls mit Streßläsionen verwechselt werden (16). Schließlich kann eine Amyloidose der Magenschleinhaut einmal unter dem Bild der akuten Erosionen verlaufen (8). Unter dem pathogenetischen Aspekt soll abschließend noch auf die in Afrika gemachte Beobachtung hingewiesen werden, daß möglicherweise die Einnahme bestimmte Heilkräuter zur Erosionsbildung im Magen führt (32).

Streßläsionen lassen sich sicher zum Teil durch entsprechende prophylaktische Maßnahmen vermeiden, besonders gefährdet sind diesbezüglich offensichtlich Patienten mit einem Polytrauma, mit ausgedehnten Verbrennungen, nach neurochirurgischen Eingriffen oder schweren Operationen. Auf der internistischen Intensivstation gelten als gefährdet Patienten mit pulmonaler, hepatischer und renaler Insuffizienz. Kommt es bei diesen Patienten zu einer akuten Magenblutung, so sind Streßläsionen als Blutungsquelle sehr wahrscheinlich. Bei den übrigen Patienten, bei denen sich anläßlich einer Notfallendoskopie Erosionen oder akute Ulzera finden, sollte die Einnahme von Alkohol und/oder sogenannter ulzerogener Medikamente ausgeschlossen werden. Wie die Verlaufsbeobachtung akuter Läsionen zeigt, ist ein Übergang einer Streßläsion in ein chronisches Ulkusleiden, auch unter dem Aspekt einer gutachterlichen Stellungnahme abzulehnen; auch Vernarbungen mit Folgeschäden kommen nicht vor.

Literatur

1 Austerhoff, A., U. Rehlinghaus, W.P. Fritsch, H.L. Knieriem, T.U. Hausamen: Akute Gastrointestinalblutungen bei Patienten auf einer internistischen Intensiv-Pflegestation. Med. Welt 26 (1975) 1719

2 Bergemann, W.: Akute Ulcera ventriculi bei jungen Patienten. Akt. Gastrologie 5 (1976) 27

3 Elster, K.: Pathologische Anatomie der peptischen Läsion – pathophysiologische Bezüge. In Demling, L., W. Rösch: Peptische Läsion im Lichte von Aggression und Protektion. Witzstrock, Baden-Baden 1978

4 Forrest, J.A.H., N.D.C. Finlayson, D.J.C. Shearman: Endoscopy in gastrointestinal bleeding. Lancet 1974/II, 394

5 Franco, D., Y. Durandy, A. Deporte, H. Bismuth: Upper gastrointestinal hemorrhage in hepatic cirrhosis: causes and relation to hepatic failure and stress. Lancet 1977/I, 218

6 Frühmorgen, P., F. Bodem, H.-D. Reidenbach, L. Demling: Was ist gesichert in der Laserkoagulation zur Stillung gastrointestinaler Blutungen? Internist 19 (1978) 707

7 Gilbert, D.A., D.R. Saunders, J. Peoples, J. Sillery, C. Gulascik: Failure of iced saline lavage to suppress hemorrhage from experimental bleeding ulcers. Gastroenterology 76 (1978) A 1138

8 Hartwich, G., W. Rösch: Multiple hemorrhagic erosions secondary to amyloidosis of the stomach. Endoscopy 2 (1970) 136

9 Iglesias, M.C., D. Dourdourekas, J. Adomavicius, F. Villa, N. Shobassy, F. Steigmann: Prompt endoscopic diagnosis of upper gastrointestinal hemorrhage: Its value for specific diagnosis and management. Ann. Surg. 189 (1979) 90
10 Josen, A.S., E. Guiliani, A.B. Voorhees, J.M. Ferrer: Immediate endoscopic diagnosis of upper gastrointestinal bleeding. Arch. Surg. 111 (1976) 980
11 Kanada, T., H. Fusamoto, S. Kawano, M. Noguchi, K. Hiramatsu, M. Masuzawa, N. Sato: Acute duodenal lesions in head injury. Amer. J. Gastroent. 68 (1977) 249
12 Kapp, F., Ch. Baerlocher, H. Fahrländer: Die akuten Magen-Darm-Blutungen. Eine einjährige prospektive Studie. Schweiz. med. Wschr. 104 (1974) 1609
13 Keller, R.T., G.M. Logan: Treatment of hemorrhagic gastritis by the endoscopic application of acrylic polymer. Gastroint. Endosc. 21 (1974) 75
14 Lightdale, C.J., R.C. Kurtz, C.C. Boyle, P. Sherlock, S.J. Winawer: Cancer and upper gastrointestinal tract hemorrhage. Benign causes of bleeding demonstrated by endoscopy. J. Amer. med. Ass. 226 (1973) 139
15 Linscheer, W.G., T.L. Fazio: Endoscopic control of upper gastrointestinal hemorrhage: alternate spraying of thrombin and fibrinogen. Gastroint. Endosc. 24 (1978) A 50
16 Lux, G., P. Frühmorgen, W. Rösch: Diffuse teleangiectasia of the upper gastrointestinal tract. Endoscopy 11 (1979) 281
17 Margolis, D.M., J.L. Saylor, G. Geisse, K. De Schryver-Kecskemeti, H.R. Harter, G.R. Zuckerman: Upper gastrointestinal disease in chronic renal failure. A prospective evaluation. Arch. intern. Med. 138 (1978) 1214
18 Martin, T.R., G.R. Onstad, S.E. Silvis: Endoscopic control of massive upper GI bleeding with a tissue adhesive (MBR 4197). Gastroint. Endoscopy 24 (1979) A 50
19 Matek, W., P. Frühmorgen, B. Kaduk, H.-J. Reidenbach, F. Bodem, L. Demling: Modified electrocoagulation and its possibilities in the control of gastrointestinal bleeding. Endoscopy 11 (1979) 277
20 McCray, R.S., F. Martin, H. Amir-Ahmadi, D.C. Sheahan, N. Zamcheck: Erroneous diagnosis of hemorrhage from esophageal varices. Digestive Diseases 14 (1969) 755
21 Papp, J.P.: Endoscopic electrocoagulation of upper gastrointestinal hemorrhage. J. Amer. med. Ass. 236 (1976) 2076
22 Pohle, W., E. Förster, B. Hethey, M. Hobrecker, T.S. Ong, H. Straub, H.O. Müller, B. May: Medikamenteneinnahme und endoskopischer Befund. Med. Welt 29 (1978) 1968
23 Protell, R.L., F.E. Silverstein, C. Gulacsik, T.R. Martin, M.B. Dennis: Cyanoacrylate glue (flucrylate) fails to stop bleeding from experimental gastric ulcers. Gastroint. Endosc. 24 (1979) A 28
24 Rösch, W., R. Ottenjann: Gastric erosions. Endoscopy 2 (1970) 93
25 Rösch, W.: Erosions of the upper gastrointestinal tract. Clinics in Gastroenterology 7 (1978) 623
26 Rohde, H., H. Troidl, W. Lorenz, M. Fischer, K.H. Vestweber: Neue Ansätze zur Frage: Hat die Notfallendoskopie für den Chirurgen Bedeutung? Med. Klin. 73 (1978) 773
27 Schiessel, R., W. Deisenhammer, L. Lehr, K. Dienstl, J. Poigenfürst, M. Voill, W. Böhmdörfer: Gastroscopic findings in polytrauma. Endoscopy 9 (1977) 114
28 Shirahama, T., R. Sato: Clinical and endoscopical observations on extensive irregular-shaped hemorrhagic antral erosions. Akt. Gastrologie 5 (1976) 17
29 Soehendra, N., A. Knipper: Endoskopische Unterspritzung zur Blutstillung im Verdauungstrakt. Dtsch. med. Wschr. 102 (1977) 1688
30 Teres, J., J.M. Bordas, C. Bru, F. Diaz, M. Bruguera, J. Rodes: Upper gastrointestinal bleeding in cirrhosis: clinical and endoscopic correlation. Gut 17 (1976) 37
31 Tulassay, Z., J. Papp, T. Bálint, Z. Máthé: Gastrointestinale Blutungen und Notfallendoskopie bei portaler Hypertension. Zbl. Chir. 103 (1978) 42
32 Wicks, A.C.B., G.E. Thomas, D.J. Clain: Comparison of fiberoptic endoscopy in acute upper gastrointestinal haemorrhage in Africans and Europeans. Brit. med. J. 1975/4, 259

Möglichkeiten einer medikamentösen Prophylaxe und Therapie gastrointestinaler Streßläsionen

W. Londong und Th. Sommerlatte

Blutungen aus gastrointestinalen Streßläsionen treten gehäuft bei postoperativen Komplikationen nach großen Operationen, nach schweren Polytraumen, Schädel-Hirn-Traumen, Verbrennungen und bei Sepsis mit pulmonaler oder hepatorenaler Insuffizienz auf. Mit der Schwere der Grunderkrankung nehmen einerseits die relative Häufigkeit und die Gefährlichkeit einer Blutung, andererseits aber auch die relativen Kontraindikationen einer chirurgischen Therapie zu. Angesichts dieses Dilemmas wäre es ein entscheidender Fortschritt, über eine wirksame medikamentöse Prophylaxe und Therapie gastrointestinaler Streßläsionen zu verfügen. Da allerdings jeder Therapieversager ein hohes Letalitätsrisiko bedeutet, sind an die Effektivität einer derartigen Pharmakotherapie besonders hohe Ansprüche zu stellen.

Trotz der multifaktoriellen Genese gastrointestinaler Streßläsionen wird der Magensäure als *dem* „agressiven“ Faktor die größte Bedeutung bei den Bemühungen um die Prophylaxe und Therapie beigemessen. Tabelle 1 enthält eine Zusammenfassung der wesentlichen bisher eingesetzten und diskutierten Substanzen und der ihnen zugrundeliegenden pharmakotherapeutischen Prinzipien. Im folgenden wird anhand einer Literaturübersicht und eigener klinisch-pharmakologischer Untersuchungen der Stellenwert diskutiert, den die einzelnen Alternativen einnehmen. Der Unterschied der beiden Behandlungsziele, Prophylaxe und Therapie, wird hervorgehoben.

Tabelle 1 Möglichkeiten einer Pharmakotherapie gastrointestinaler Streßläsionen

1. *Säureneutralisation*
   Antazida
2. *Bindung von Gallensäuren*
   Cholestyramin
3. *Säuresuppression*
   Cimetidin
   Pirenzepin
   Sekretin
4. *Durchblutungsminderung und Säuresuppression*
   Somatostatin
5. *Zytoprotektion*
   Prostaglandine

Antazida haben zunehmende Aufmerksamkeit erlangt, seit neuere Erkenntnisse über ihre pharmakologischen Eigenschaften die Grundlage für eine rationale Anwendung geschaffen haben. Die Wirksamkeit hoher Antazida-Dosen ist durch klinische Studien für die Therapie des unkomplizierten Ulcus duodeni belegt (36, 44, 70). Gegenüber reinen Säureblockern wird ihr erweiterter Angriffspunkt hervorgehoben, weil insbesondere aluminiumhaltige Antazida neben ihrer neutralisierenden auch eine zusätzliche Adsorptionskapazität für Pepsin und Gallensäuren haben (17). Da den aggressiven Faktoren Säure, Pepsin und Gallensäuren auch in der Streßulkusgenese Bedeutung zugeschrieben wird, erscheint der therapeutische Einsatz von Antazida hier ebenfalls erfolgversprechend (89). Tatsächlich konnte in einer kontrollierten, randomisierten Studie (60) gezeigt werden, daß Patienten mit schweren Verbrennungen, deren Magensaft durch stündliche Titration mit Antazida über einem pH-Wert von 7,0 gehalten wurde, signifikant weniger gastroduodenale Komplikationen erlitten (1 Blutung/24 Patienten) als unbehandelte (6 Blutungen, 1 Perforation/24 Patienten). HASTINGS u. Mitarb. (24) gelangten in ihrer Studie zu vergleichbaren Resultaten. Ein Anheben des intragastrischen pH-Wertes auf 3,5 durch stündliche Antazidagaben von 30 bis 60 ml über eine Magensonde verminderte die Häufigkeit oberer gastrointestinaler Blutungen auf 4% (2 von 51 Patienten) gegenüber 24% (12 von 49 Patienten) in der Kontrollgruppe, bei der lediglich der Magensaft über eine Verweilsonde intermittierend abgesaugt wurde. Allerdings hat HOLTERMÜLLER (34) darauf hingewiesen, daß die Ergebnisse dieser Studie wegen ungleicher Verteilung der Risikofaktoren in den beiden Behandlungsgruppen und eines von der Anlage her angreifbaren Therapiekonzeptes für die Kontrollgruppe kritisch zu beurteilen seien.

Insgesamt ist als wahrscheinlich anzusehen, daß prophylaktische Gaben von Antazida mit stündlicher Titration der Magenazidität auf pH-Werte über 3,5 die Häufigkeit gastrointestinaler Komplikationen bei streßgefährdeten Patienten mindern (62, 74). Problematisch erscheint aber der Aufwand, den die Anwendung einer solchen Prophylaxe erfordert (stündliche pH-Messung und Antazida-Instillation, laufende Kontrolle des Magenvolumens, der Stuhlfrequenz, des Elektrolythaushalts, insbesondere auch der Magnesium- und Aluminiumkonzentrationen im Serum). Auf nachteilige Effekte einer aluminiumhaltigen Antazidatherapie für den Mineralhaushalt haben SPENCER u. LENDER (91) hingewiesen. Zwei gerade publizierte randomisierte Studien belegen die vor allem für niereninsuffiziente Patienten potentiell gefährlichen Nebenwirkungen (2) einer hochdosierten Therapie mit aluminium-magnesiumhaltigen Antazida (32, 48). Während vierwöchiger Einnahme therapeutischer Dosen (564 mval/die) wurden bei gesunden Probanden signifikante Anstiege der Serumkonzentrationen von Aluminium und Magnesium, eine resorptionsbedingte Phosphatverarmung, eine Hyperkalziurie, signifikante Anstiege des Urin-pH und Abnahme der Diurese sowie osmotische Diarrhöen festgestellt. Dadurch ist u. E. der praktische Wert und die allgemein übliche unkontrollierte Anwendung einer hochdosierten Antazidaprophylaxe bei Intensivpatienten in Frage gestellt.

Was den therapeutischen Nutzen von Antazida bei einmal eingetretener Streßblutung anlangt, so liegen hierzu keine kontrollierten, randomisierten Studien vor. Die unkontrollierten Untersuchungen von CURTIS u. SIMONIAN (20, 87) kommen zwar zu vorteilhaften Ergebnissen (in 89 bzw. 91% der Fälle Stillstand der Streßulkusblutungen nach Eiswasserspülung und stündlicher Gabe von 60 bis 180 ml eines Antazidums pro Stunde); dennoch kann eine generelle Empfehlung zur Antazidatherapie akuter Ulkusblutungen unseres Erachtens nicht gegeben werden. Es erscheint fragwürdig, ob eine laufende, nicht spontan sistierende Blutung durch alleinige Antazidagabe zuverlässig gestillt werden kann. Es ist auch kaum zu erwarten, daß entsprechende randomisierte Prüfungen eine solche Wirkung belegen könnten.

Wegen des Aufwandes sind auch gegenüber der von SCHUMPELICK vorgeschlagenen Kombinationstherapie von Antazida mit dem gallensäurebindenden Ionenaustauscher *Cholestyramin* Vorbehalte anzumelden. Nachdem tierexperimentelle Untersuchungen (68, 81, 96) einen antiulzerogenen Effekt von Cholestyramin in der Kombination mit Antazida (22) nahegelegt hatten, behandelte SCHUMPELICK im Rahmen einer kontrollierten, randomisierten Studie (82) 36 Patienten einer chirurgischen Intensivstation mit einer

Tabelle 2 Kontrollierte Studien zur Prophylaxe von Streßblutungen im oberen GI-Trakt mit Cimetidin. (Die Berechnung der statistischen Signifikanz erfolgte aufgrund der Literaturangaben mit dem χ^2-Test – zweiseitige Ablesung)

Jahr	Autor	Eingangsdiagnose	Dosierung / Kontrolle	Prüfgruppe / Kontrollgruppe	Therapie-versager	p
1977	*McDougall* u. Mitarb. (56) (offen)	Leberinsuffizienz	Metiamid/Cimet. 300–900 mg/24 h	n = 26	1 (4%)	$p < 0{,}001$
			Placebo	n = 24	13 (54%)	
1979	*Halloran* u, Mitarb. (28) (doppelblind)	schweres Schädel-Hirn-Trauma	300 mg/4 h	n = 23	4 (17%)	$p < 0{,}001$
			Placebo	n = 22	20 (91%)	
1980	*Lorenz* u. Mitarb. (54) (einf. blind)	schweres Polytrauma	200 mg/4 h	n = 14	0 (–)	$p < 0{,}025$
			Placebo	n = 14	5 (36%)	
1980	*Zumtobel* u. Mitarb. (97) (offen)	mehrfache Organ-insuffizienz	200 mg/3 h	n = 166	8 (5%)	$p < 0{,}001$
			Antazida (2 l Gel. Lac/24 h)	n = 38	9 (24%)	
1980	*Silvestri* u. Mitarb. (86) (doppelblind)	schweres Schädel-Hirn-Trauma	1000 mg/24 h	n = 10	0 (–)	$p < 0{,}01$
			Placebo	n = 10	7 (70%)	
1980	*Priebe* u. Mitarb. (74) (offen)	Postop. Pat. mit hohem Risiko	300 mg/4–6 h	n = 38	7 (18%)	$p < 0{,}01$
			Antazida (pH > 3,5)	n = 37	0 (–)	

Kombination von Cholestyramin (2 g/2 h) und Antazida (10 ml/2 h) bei jeweils vorangehender Magenentleerung über die Sonde. Bei diesen Patienten wurde aufgrund der Aspiration von klarem Magensaft eine Streßblutung ausgeschlossen. Dagegen entwickelten zwei von 24 nur mit Antazida behandelten und einer von acht nur mit Cholestyramin behandelten Patienten zwischen dem 8. und 10. Tag eine Streßblutung. Signifikante Nebenwirkungen wurden bei einer mittleren Therapiedauer von 4,9 Tagen nicht beobachtet. Trotz dieses positiven Ergebnisses wurde das zugrundeliegende Therapiekonzept bisher nicht allgemein weiterverfolgt.

Ein Grund mag unter anderem darin liegen, daß sich mit der Entwicklung der *Histamin-H_2-Rezeptor-Antagonisten* die allgemeine Aufmerksamkeit ganz diesen neuen Pharmaka zuwandte. Hohe Erwartungen knüpften sich an ihre klinische Anwendung; so wurden 1978 „medikamentöse Behandlungsversuche mit Anticholinergika, Wachstumshormon, Somatostatin, Glukagon und Cholestyramin“ aufgrund der Einführung von Cimetidin als „obsolet“ bezeichnet (8). Inzwischen konnten tatsächlich mehrere kontrollierte, randomisierte klinische Studien (Tab. 2) den Eindruck bestätigen, daß mit der zunehmend routinemäßigen Anwendung von Cimetidin in der Streßulkusprophylaxe die Zahl der gastrointestinalen Streßblutungen rückläufig ist. Die Eingangsdiagnosen der besonders streßgefährdeten Patienten dieser Studien waren Leberinsuffizienz, schweres Hirntrauma, schweres Polytrauma und mehrfache Organinsuffizienz. In den ersten fünf Untersuchungen dieser Aufstellung (Tab. 2) fand sich in den Kontrollgruppen eine signifikant höhere Versagerquote. Diese positiven Ergebnisse rechtfertigen unseres Erachtens die zunehmende Anwendung von Cimetidin in der Streßblutungsprophylaxe. Allerdings haben LORENZ u. Mitarb. (54) erst kürzlich auf die allgemeine Notwendigkeit einer strengeren Definition streßgefährdeter Patientengruppen und einer sich daraus ableitenden, gezielteren Indikation für die Streßprophylaxe mit Cimetidin hingewiesen. Zusätzlich sind durch die randomisierte Studie von PRIEBE u. Mitarb. (74) Zweifel an der Effektivität von Cimetidin als blutungsprophylaktischer Maßnahme bei kritisch kranken Patienten aufgekommen (Tab. 2). Bei dieser Untersuchung an 75 Patienten einer chirurgischen Intensivstation erwies sich die stündliche Säuretitration mit einem aluminium-magnesiumhaltigen Antazidum auf ein intragastrisches pH von über 3,5 der intravenösen Injektion von 300 mg Cimetidin alle 4 bis 6 Stunden als signifikant überlegen. In der Antazidumgruppe (37 Patienten) bestanden bei keinem, in der Cimetidingruppe (38 Patienten) dagegen bei sieben Patienten Hinweise für eine gastrointestinale Blutung. – MENGUY (62) kritisierte an dieser Studie, daß keine endoskopischen Kontrollen zur exakten Blutungsdiagnostik, sondern nur der Nachweis von sichtbarem oder okkultem Blut in drei aufeinander folgenden Magensaftaspiraten und keine Placebogruppe geplant war. Er machte auch darauf aufmerksam, daß dieselbe Arbeitsgruppe in ihrer ersten gleichartig angelegten Studie zur Antazidaprophylaxe (30) bei 24% der placebobehandelten und bei 18% der cimetidinbehandelten Patienten dieser Studie (74) eine Streßblutung diagnostizierte. Kritisch ist außerdem hinzuzufügen, daß bei einigen Patienten unter Cimetidin das intragastrische pH nicht auf Werte über 3,5 angehoben wurde und keine differenzierten Aussagen über den blutungs- oder operationsbedingten Bedarf an Bluttransfusionen dieser Patienten gemacht wurden, die meist kurz vor Aufnahme in die Studie einem großen chirurgischen Eingriff unterzogen worden waren (74). Komplikationen der Antazidatherapie wurden bei 6 Patienten (16%) in Form von Diarrhöen, reversibler Hypermagnesiämie und persistierender Alkalose mitgeteilt (74).

Im Gegensatz zum günstigen prophylaktischen Effekt ist vom Cimetidin kein sicherer therapeutischer Effekt bei der oberen gastrointestinalen Blutung zu erwarten. In Tabelle 3 sind die bisher veröffentlichten kontrollierten, randomisierten Studien zusammengestellt,

Tabelle 3 Kontrollierte Studien zur Therapie oberer gastrointestinaler Blutungen mit Cimetidin. (Die Berechnung der statistischen Signifikanz erfolgte aufgrund der Literaturangaben mit dem χ^2-Test – zweiseitige Ablesung)

Jahr	Autor	Eingangsdiagnose	Dosierung / Kontrolle	Prüfgruppe / Kontrollgruppe	Therapie-versager	p
1979	*La Brooy* u. Mitarb. (45) (doppelblind)	verschiedene Mukosaläsionen	4 x 400 mg p. o./24 h + Antazida	n = 51	11 (22%)	n. s.
			Placebo + Antazida	n = 50	12 (24%)	
1979	*Hoare* u. Mitarb. (33) (doppelblind)	Ulcus ventriculi	6 x 200 mg i. v. /24 h 1,6 g p. o./24 h	n = 14	2 (14%)	$p < 0{,}05$
			Placebo	n = 19	10 (53%)	
		Ulcus duodeni	6 x 200 mg i. v. /24 h 1,6 g p. o./24 h	n = 20	6 (30%)	n. s.
			Placebo	n = 13	5 (38%)	
1979	*Macklon* u. Mitarb. (57) (doppelblind)	Ulcus ventriculi	Cim. (+ Chlorphenir-amin) + Antazida	n = 13	5	n. s.
			Placebo + Antazida	n = 8	1	
1979	*Meredith* u. Mitarb. (63) (doppelblind)	verschiedene Mukosaläsionen	50 mg i. v./h 1,0 g p. o./24 h	n = 26	5 (19%)	n. s.
			Placebo	n = 24	2 (8%)	
1979	*Pickard* u. Mitarb. (72) (doppelblind)	verschiedene Mukosaläsionen	4 x 250 mg i. v./24 h 2,0 g p. o./24 h	n = 33	12 (36%)	n. s.
			Placebo	n = 36	10 (28%)	
1979	*Siddiqi* u. Mitarb. (85) (offen)	verschiedene Mukosaläsionen	4 x 200 mg i. v./24 h 1,0 g p. o./24 h	n = 58	keine signifikanten Unterschiede	
			keine Behandlung	n = 55		
1980	*Carstensen* u. Mitarb. (15) (doppelblind)	verschiedene Mukosaläsionen	6 x 200 mg i. v./24 h 1,0 g p. o./24 h	n = 40	15 (38%)	n. s.
			Placebo	n = 48	16 (33%)	

die auch Untersuchungen von blutenden peptischen Läsionen enthält. Lediglich HOARE u. Mitarb. (33) fanden einen günstigen Einfluß von Cimetidin auf die Blutung beim Ulcus ventriculi (n = 33, $p < 0.05$), nicht dagegen beim Ulcus duodeni.

Während über die Frage der *Cimetidin-Dosierung* in der oralen Therapie des peptischen Ulkus weitgehend Einigkeit herrscht – BLACKWOOD (9) konnte zeigen, daß über 400 mg p. o. keine Steigerung der Wirkung möglich ist – ist für die parenterale Anwendung bei der Streßulkusprophylaxe die in der klinischen Routine verbreitete Standarddosierung von 6 x 200 mg/die kritisch zu diskutieren. In den hierzu zitierten Studien (Tab. 2) lagen die Tagesdosen zwischen 300 und 1800 mg. Die niedrigen Dosen beziehen sich dabei auf niereninsuffiziente Patienten (56) und wurden anhand regelmäßiger intragastrischer pH-Messungen ermittelt. Pharmakokinetische Untersuchungen haben gezeigt, daß Cimetidin vom Menschen normalerweise zu etwa 60% in unveränderter Form (67) bzw. zu 80 bis 90% einschließlich Metaboliten (13, 26) renal eliminiert wird und infolgedessen bei Niereninsuffizienz zur Kumulation neigt. Die normale Eliminations-Halbwertszeit von ca. 2 Stunden (26, 46) steigt dabei in negativer Korrelation zur Kreatinin-Clearance an und erreicht bei dialysepflichtigen Patienten Werte um 5 Stunden (14, 46). – Von der biliären Cimetidin-Exkretion läßt sich tierexperimentell eine kompensatorische Steigerung nach Nephrektomie zeigen (84). Beim Menschen scheint die Elimination von Cimetidin über die Galle normalerweise weniger als 1% auszumachen (90); ein wesentlich höherer Dosisanteil wird jedoch metabolisiert (s. o.). Diese bislang vorliegenden Daten erlauben keine endgültige Interpretation der Rolle, die die Leber in der Pharmakokinetik von Cimetidin spielt. In klinischen Studien wurde jedoch nachgewiesen, daß insbesondere bei eingeschränkter Nierenfunktion und gleichzeitig bestehender Leberinsuffizienz die Cimetidin-Spiegel im Serum und Liquor signifikant erhöht gefunden werden, selbst unter niedrigeren als der oben erwähnten Standarddosierung (79). Dabei kann es zu deliranten, bisweilen auch komatösen Zustandsbildern, Muskelzuckungen oder paroxysmaler Apnoe als Ausdruck einer zerebro-toxischen Cimetidin-Wirkung kommen (79). Eine Änderung der Blut-Hirn-Schranke bei diesen Patienten scheint hierbei eine zumindest zusätzliche ursächliche Rolle zu spielen. – Basierend auf eliminationskinetischen Untersuchungen an niereninsuffizienten Patienten liegen zwei Empfehlungen (47, 55) für die orale Anwendung von Cimetidin bei eingeschränkter Nierenfunktion vor. Die genannten Tagesdosen können auch als Anhalt für die parenterale Therapie dienen (Tab. 4).

Tabelle 4 Empfehlung für die orale Dosierung von Cimetidin bei Niereninsuffizienz

1. Nach *Larson* u. Mitarb. (47):

Serum-Kreatinin (µmol/l)	Serum-Kreatinin (mg%)	Kreatinin-Clearance (ml/min)	Cimetidin-Dosis (mg)
900–400	10,2–4,5	5–15	200/12 h
400–200	4,5–2,3	15–30	200/ 8 h
200–100	2,3–1,1	30–75	200/ 6 h

2. Nach *Luk* u. Mitarb. (55):

Serum-Kreatinin (µmol/l)	Serum-Kreatinin (mg%)	Kreatinin-Clearance (ml/min)	Cimetidin-Dosis (mg)
>350	>4,0	0–20	300/12 h
350–175	4,0–2,0	20–40	300/ 8 h
<175	<2,0	>40	300/ 6 h

Was eine mögliche Unterdosierung von Cimetidin in der Streßulkusprophylaxe anlangt, interessieren ergänzend zur Tabelle 2 besonders die Daten einer retrospektiven Studie von MARTIN u. Mitarb. (58). Die Autoren fanden, daß bei 11 von 39 Patienten (28%) einer chirurgischen Intensivstation Cimetidin in einer Dosis von 4 x 400 mg/die den intragastralen pH-Wert nicht konstant über 4,0 zu halten vermochte. Sechs dieser 11 Patienten erlitten eine gastrointestinale Blutung. Bei den übrigen 28 Patienten, deren intragastraler pH-Wert mit Cimetidin über 4,0 zu halten war, trat keine Blutung auf. Auch zwei der sieben cimetidinbehandelten Patienten mit gastrointestinaler Streßblutung aus der Studie von PRIEBE u. Mitarb. (74) hatten pH-Werte unter 3,5. – Ein unmittelbar kausaler Zusammenhang zwischen der mangelhaften Säuresuppression und dem gehäuften Auftreten von Rezidivblutungen ist damit zwar nicht bewiesen, erscheint aber plausibel und vereinbar mit der Annahme, daß die prophylaktische Wirkung von H_2-Antagonisten auf der Reduktion der H^+-Sekretion beruht. Es gibt Hinweise dafür, daß Cimetidin darüber hinaus von der Säuresuppression unabhängige „zytoprotektive" Eigenschaften besitzt (27). Aus diesen Überlegungen ergibt sich die Forderung einer effektiveren Säuresuppression, um damit möglicherweise die Zahl der Therapieversager zu verringern. Folgende Alternativen bieten sich hierzu an: 1. Erhöhung der Einzeldosen oder der Applikationsfrequenz des H_2-Antagonisten bis hin zur Dauerinfusion; 2. Kombination mit Synergisten.

Gegen die erstgenannten Maßnahmen sind verschiedene Einwände geltend zu machen. Abgesehen davon, daß die zu erwartenden Tagesdosen deutlich über denen lägen, für die ausreichende Kenntnisse über die therapeutische Sicherheit der Substanz vorliegen (64), mangelt es bisher an pharmakokinetischen Daten, die von solchen Maßnahmen einen Effekt erhoffen ließen. Die Hemmung der H^+-Sekretion durch Cimetidin bis auf annähernd anacide Werte ist zwar unter Basalbedingungen belegt (9). Unter Stimulation ist dagegen bereits bei 90%iger Hemmung der H^+-Sekretion ein so ungünstiger Bereich der Dosiswirkungsbeziehung erreicht, daß unter Umständen unrealistisch hohe Dosen nötig werden, um angenäherte Anacidität zu erreichen (10, 73). Eindeutige Dosiswirkungsbeziehungen sind für Cimetidin nach Pentagastrinstimulation beim Menschen nur bei Verwendung subtherapeutischer Dosen von 0,3 bis 2,4 mg/kg/h nachgewiesen worden (1). Orale Dosissteigerung von 1 auf 2 g Cimetidin pro Tag erbrachte in einer multizentrischen Studie keine signifkant unterschiedliche Abheilungsrate beim Ulcus duodeni (18). MARTIN u. Mitarb. (58) haben darauf hingewiesen, daß bei Therapieversagern im intensivmedizinischen Krankengut oft Mechanismen einer endogenen H^+-Sekretionsstimulation über Basalwerte hinaus im Spiel sind, wie dies insbesondere von Hirnverletzten bekannt ist oder bei parenteraler Ernährung durch aminosäurehaltige Infusionen induziert werden kann (37, 43). Der Versuch einer Wirkungssteigerung durch Dosismanipulation erscheint daher höchstens in Einzelfällen nach Maßgabe einer laufenden Überprüfung des intragastralen pH-Wertes erwägenswert. Bezüglich einer generellen Anwendung unterliegt ein solches Vorgehen aber im Prinzip der gleichen Kritik wie die oben diskutierte Antazidatherapie.

Als Alternative zur Steigerung der Cimetidindosis bietet sich die Kombination mit Synergisten an. Mehrere klinisch-pharmakologische Untersuchungen zu diesem Thema führten zu dem Ergebnis, daß die Kombination von Cimetidin mit einem Anticholinergikum eine Verstärkung und Verlängerung der Säuresuppression bewirkt (23, 77, 80, 93). In letzter Zeit hat vor allem die Kombination von Cimetidin mit Pirenzepin Bedeutung für die medikamentöse Behandlung des Zollinger-Ellison-Syndroms erlangt (11, 64). Während Cimetidin den H_2-Rezeptor blockiert (13), antagonisiert Pirenzepin weitgehend selektiv den Acetylcholinrezeptor der Parietalzelle (69, 76) und hat deshalb nur geringe anticholinerge Nebenwirkungen (62). Kürzlich gelang die Identifikation mehrerer Unterklassen cholinerger Rezeptoren vom Muskarintyp, die von „klassischen" Anticholinergika nicht unterschieden werden können (29).

Bisher liegen keine Untersuchungen zur Therapie von Streßulzera oder -blutungen mit Pirenzepin vor. In einer Doppelblindstudie zur Streßulkusprophylaxe behandelten MATTES u. Mitarb. (59) 22 kontrolliert beatmete, septische oder polytraumatisierte Patienten 14 Tage lang mit Pirenzepin oder Placebo. Bei den endoskopischen Kontrollen wiesen alle 11 Patienten der Placebogruppe Streßläsionen auf, vier davon Ulzerationen, die im Gegensatz zur Verum-Gruppe während des Beobachtungszeitraumes zunahmen und bei sieben Patienten zu einer manifesten Blutung führten. Unter Pirenzepin hatten sieben von 11 Patienten Erosionen, eine Blutung trat jedoch nicht auf. – Diese Befunde bestätigen, daß bei polytraumatisierten und septischen Patienten in bis zu 100% der Fälle mit dem Auftreten von Streßläsionen und in über 50% mit einer Blutung zu rechnen ist (19). Pirenzepin scheint in einer Tagesdosis von 3 x 10 mg i. v. die Häufigkeit dieser Komplikationen deutlich zu verringern.

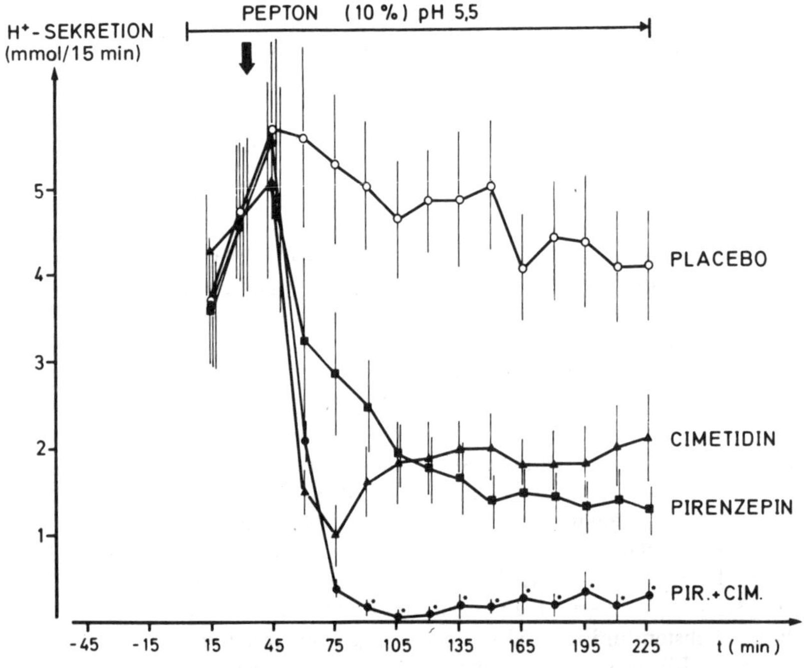

Abb. 1 Hemmung der peptonstimulierten Magensäuresekretion von doppelblind und randomisiert untersuchten gesunden Probanden (n = 8, $\overline{x} \pm$ SEM) nach Einzelapplikation bzw. kombinierter i. v.-Injektion von 3,0 mg/kg KG Cimetidin und 0,3 mg/kg KG Pirenzepin. Bestimmung durch kontinuierliche intragastrale Titration nach *Fordtran* (24), modifiziert nach *Becker* (5). – *$p < 0.01$ für statistischen Vergleich der Kombination mit beiden Einzelapplikationen

Wir führten eigene klinisch-pharmakologische Untersuchungen mit der *Kombination von* H_2*-Rezeptorantagonisten und dem antimuskarinisch wirkenden Pirenzepin* durch (49, 51, 52). Die erste randomisierte Sekretionsstudie (49) zeigte, daß die nahrungsstimulierte Säuresekretion von gesunden Probanden (Abb. 1) und von Patienten mit Ulcus duodeni (51) nach kombinierter intravenöser Bolusinjektion von 0,3 mg/kg KG Pirenzepin und

3,0 mg/kg KG Cimetidin fast vollständig gehemmt wird. Eine Änderung des basalen und stimulierten Gastrinverhaltens war dabei nicht zu beobachten. Als Nebenwirkung der kombinierten Applikation beider Pharmaka waren anticholinergika-typisches Verschwommensehen sowie cimetidin-induzierte Prolaktinanstiege zu verzeichnen. – Vorversuche zur Pirenzepindosierung hatten für den fraglichen therapeutischen Bereich von 0,15 bis 0,4 mg/kg KG keine Dosiswirkungsbeziehungen, aber eine dosisabhängige Zunahme von Nebenwirkungen ergeben (49). In einer Folgestudie (51) wurde durch Dosisreduktion die Optimierbarkeit der kombinierten Anwendung von Cimetidin und Pirenzepin untersucht, bei der vier Dosiskombinationen von 0,075 und 0,15 mg/kg KG Pirenzepin mit 1,5 bzw. 3,0 mg/kg KG Cimetidin i. v. verwendet wurden. Wie Abbildung 2 zeigt, führten die reduzierten Dosiskombinationen zu einer fast gleich starken Hemmung der nahrungsstimulierten Säuresekretion. Gleichzeitig nahmen dosisabhängig die Nebenwirkungen ab (cimetidinbedingte Prolaktinanstiege und pirenzepininduziertes Verschwommensehen) (51). Nach Kombination von Pirenzepin mit dem neuen H_2 - Blocker Ranitidin war eine entsprechend drastische Reduktion der nahrungsstimulierten Säuresekretion bei Fehlen der Prolaktinstimulation nachzuweisen (52). Die durch diese Untersuchungen gesicherte nahezu komplette Reduktion der stimulierten Säuresekretion bei Normalpersonen und Patienten mit Ulcus duodeni (49, 51, 52) ist in Übereinstimmung mit den Befunden der Arbeitsgruppe um BONFILS bei Patienten mit Zollinger-Ellison-Syndrom (11, 64) und läßt bei allen hypersekretorischen Zuständen eine sichere und über Stunden anhaltende Anhebung des intragastrischen pH auf über 3,5 erwarten. Die klinische Wertigkeit

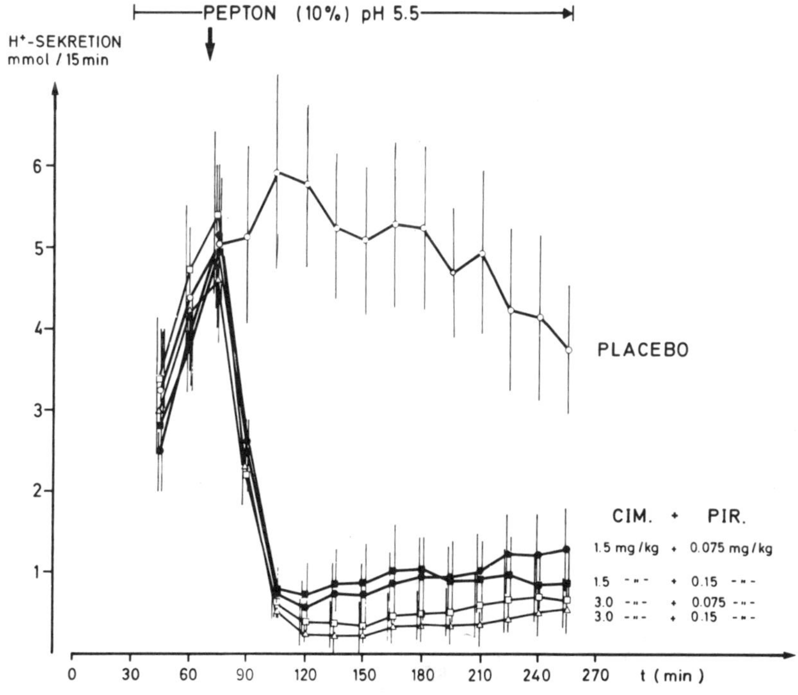

Abb. 2 Intraindividueller Vergleich der Wirkung verschiedener i. v.–Dosiskombinationen von Cimetidin und Pirenzepin auf die peptonstimulierte Magensäuresekretion von doppelblind und randomisiert untersuchten gesunden Probanden (n = 10)

einer derartigen Kombinationstherapie wird zur Zeit in einer multizentrischen Studie in München untersucht.

Sekretin besitzt neben einer stimulierenden Wirkung auf Bikarbonat- und Volumensekretion des Pankreas einen hemmenden Effekt auf die H^+-Sekretion (25). In hohen pharmakologischen Dosen hemmt Sekretin die Gastrinfreisetzung (21), führt zur Zunahme des Herzminutenvolumens, der Durchblutung im Gastrointestinaltrakt, der Sekretion der Brunnerschen Drüsen, der Hydrocholorese sowie der renalen Natrium-, Kalium- und Wasserausscheidung (25).

In einer prospektiven Studie an 67 Intensivpatienten mit akuter Streßblutung konnten BECKER u. Mitarb. (6) durch Gabe von natürlichem Sekretin in einer Dosierung von 0,2 bis 0,5 KE/kg KG/h i. v. bei 64 Patienten die Blutung innerhalb von 12 Stunden zum Stehen bringen. Rezidivblutungen traten bei 18 der 64 Patienten (28%) nach Absetzen der Sekretininfusion auf; bei allen Patienten konnte jedoch durch erneute Sekretingabe die Blutung beherrscht werden. Dieses Ergebnis ließ sich unter Verwendung von synthetischem Sekretin an kleineren Patientenkollektiven bestätigen (7, 94).

Eigene klinisch-pharmakologische Sekretionsstudien mit synthetischem Sekretin (50, 50a) an 10 gesunden Probanden bestätigten die bereits von KONTUREK (41) beschriebene dosisabhängige Suppression der nahrungsstimulierten Säuresekretion. Die Depotpräparation und die bisher klinisch verwendete Dosis von 0,5 KE/kg KG/h hatten dabei die

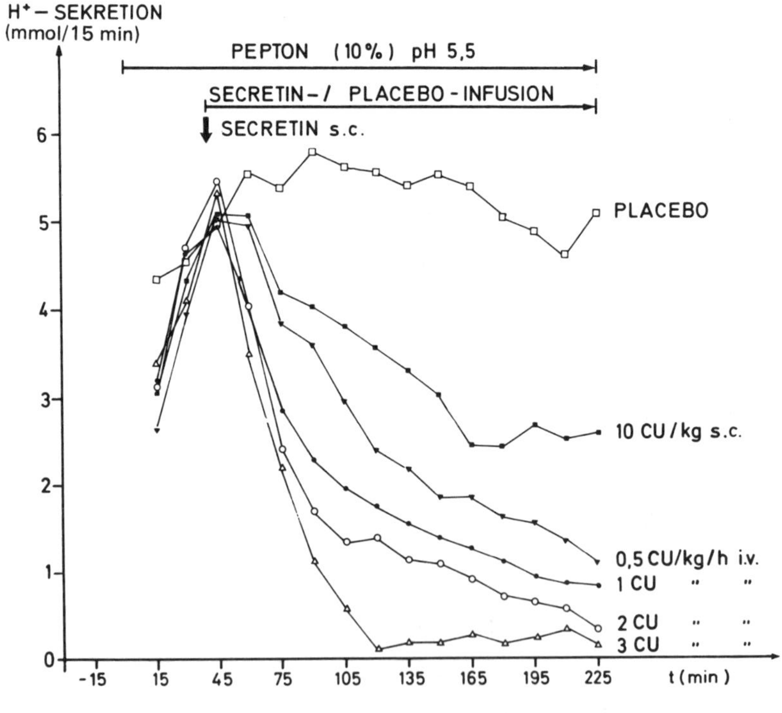

Abb. 3 Intraindividueller Vergleich der Wirkung steigender parenteral (s. c. oder i. v.-Infusion) verabreichter Dosen von synthetischem Sekretin (Hoe 069) bei 10 doppelblind und randomisiert untersuchten gesunden Probanden auf die peptonstimulierte Magensäuresekretion (angegeben als $\overline{x}$)

geringste Wirkung auf die Säuresekretion (Abb. 3). Bei höheren Dosierungen traten Nebenwirkungen in Form von Diuresesteigerungen und wäßrigen Diarrhöen auf. Gesamteiweiß und Natrium nahmen im Serum wahrscheinlich infolge des renalen und enteralen Wasserverlustes signifikant zu. Synchron gemessene Lipase- und Trypsinwerte stiegen im Serum – auch nach den niedrigen Sekretindosen – in hoch pathologische Bereiche an. Diese im kontrollierten Experiment beobachteten Nebenwirkungen und die fehlende Wirkung von Sekretin auf die Heilung des unkomplizierten Ulcus duodeni (27a, 31) lassen uns daran zweifeln, daß Sekretin in der Streßulkusprophylaxe und -therapie breitere Anwendung finden wird.

Während die therapeutische Wirkung aller bisher beschriebenen Pharmaka auf die akute gastrointestinale Blutung zurückhaltend zu beurteilen ist, steht mit dem Polypeptid *Somatostatin* möglicherweise ein wirksames Mittel zur konservativen Therapie von Streßblutungen zur Verfügung. In diesem Zusammenhang sind aus einer Vielzahl von Hemmeffekten (61) die gastrin-, pepsin- und säureinhibierenden Wirkungen sowie die Reduktion der Splanchnikus-Durchblutung (12, 40, 42, 71, 75) von besonderer Bedeutung. Im Tierexperiment bewies Somatostatin streßulkusprophylaktische Wirkung (83, 95).

Auf Grund dieser pharmakologischen Eigenschaften von Somatostatin behandelten KAYASSEH u. Mitarb. (38) 13 Patienten, deren akute Ulkusblutung auf Eiswasserspülung und Antacidatherapie nicht zum Stehen gekommen war, mit Somatostatininfusionen in einer Dosierung von 250 µg/h (nach initialem Bolus von 250 µg i. v.). Bei 12 der 13 Patienten konnte bei einer Behandlungsdauer von 48 bis 120 Stunden der Blutungsstillstand endoskopisch gesichert werden. Ein Patient mußte wegen unstillbarer Blutung vagotomiert werden. Drei weitere Patienten erlitten Blutungsrezidive, die jedoch in zwei Fällen nach erneuter Somatostatingabe konservativ beherrschbar waren. BAUER u. Mitarb. (3) berichteten in einer unkontrollierten Studie an chirurgischen Intensivpatienten über eine günstige Wirkung von Somatostatin in Kombination mit Cimetidin auf die gastrointestinale Blutung. – KAYASSEH u. Mitarb. (39) führten die bisher einzige randomisierte, kontrollierte Vergleichsstudie gegenüber Cimetidin durch. Durch strenge Auswahlkriterien (persistierende oder in kurzer Zeit rezidivierende, endoskopisch gesicherte, gegenüber konservativer Therapie resistente Blutung) wurde angestrebt, spontan sistierende Blutungen von der Studie auszuschließen. Zwanzig Patienten wurden nach paarweiser Randomisation mit Somatostatin (250 µg/h) oder Cimetidin (200 mg/4 h) über 48 bis 120 Stunden behandelt. Die sequential-analytische Auswertung ergab siebenmal einen Vorteil zugunsten von Somatostatin, einmal einen Doppelerfolg und zweimal einen Doppelversager. Die Autoren folgerten aus diesem Ergebnis, daß Cimetidin bei ihrem Patientenkollektiv die akute Ulkusblutung praktisch nicht beeinflußte, während Somatostatin bei vergleichbarem Patientengut in ca. 80% der Fälle eine solche Blutung zu stillen vermochte. Aufgrund dieser Untersuchungen scheint Somatostatin in der Lage zu sein, nicht spritzende gastroduodenale Blutungen zu stillen. Weitere kontrollierte Studien an einem größeren Patientengut müssen jedoch abgewartet werden.

Im Zusammenhang mit der medikamentösen Beeinflussung von Streßläsionen sind einige Substanzen kurz zu erwähnen, die in Tabelle 1 nicht aufgeführt sind. Hierzu zählt unter anderem das *Vitamin A,* dem eine günstige Wirkung in der Streßulkusprophylaxe zugesprochen wurde (16). Folgestudien konnten weder dieses noch die zugrundeliegende Hypothese einer Vitamin A-Verminderung im Streß bestätigen (78).

Über *Calcitonin* liegen bisher keine kontrollierten klinischen Untersuchungen vor. Erst hohe Dosen, die erhebliche Nebenwirkungen haben, bewirken eine wesentliche Hemmung der Magensäuresekretion (53). Es wird zurückhaltend beurteilt (35), daß Calcitonin in der Therapie gastroduodenaler Schleimhautläsionen oder Streßblutungen einen Platz finden könnte. – Die *selektive intraarterielle Vasopressininfusion* (4) zur Stillung gastrointestinaler Blutungen sprengt als invasive, mit hohem technischem Aufwand verbundene Methode den Rahmen einer reinen Pharmakotherapie. Sie hat sich bisher kaum durchgesetzt und wird nur in wenigen Zentren durchgeführt (88).

Ein neuartiges therapeutisches Prinzip stellen die *Prostaglandine* und ihre synthetischen methylierten Analoga dar, die neben ihren säuresupprimierenden auch zytoprotektive Eigenschaften besitzen. Diese Zytoprotektion tritt bei neueren Prostaglandin-Derivaten (z. B. $PGF_{2\beta}$) unabhängig von der säureinhibierenden Wirkung auf. – Ausführliche Übersichten über ihre pharmakologischen Eigenschaften sind kürzlich erschienen (65, 66). In nächster Zukunft sind aus der klinischen Anwendung erste kontrollierte Ergebnisse zu erwarten. Sie könnten einen echten Fortschritt in der medikamentösen Prophylaxe und Therapie gastrointestinaler Schleimhautläsionen bringen.

Zusammenfassung

Antazida in hoher Dosierung, Cimetidin und Pirenzepin scheinen prophylaktische Eigenschaften bezüglich der Entstehung von Streßläsionen und Blutungen im oberen Gastrointestinaltrakt zu haben. Eigene Sekretionsstudien lassen von der kombinierten Anwendung von Cimetidin und Pirenzepin eine wirksamere Prophylaxe von Streßläsionen erhoffen, weil das intragastrische pH mit geringem Aufwand länger und sicherer auf Werte über 3,5 eingestellt werden kann. Bei spritzenden gastrointestinalen Blutungen ist von Antazida, Cimetidin und Pirenzepin oder deren Kombination keine wirksame Blutstillung zu erwarten; die endoskopische und/oder chirurgische Blutstillung hat unverändert ihre Indikation. Sekretin und Somatostatin sind Kandidaten für eine Therapie nicht-spritzender Blutungen aus Streßläsionen. Weitere klinische Studien mit beiden Substanzen sind jedoch notwendig, um eine generelle Empfehlung für eine oder beide Substanzen abgeben zu können.

Literatur

1 Aadland, E., A. Berstad, L.S. Semb: Inhibition of pentagastrin-stimulated gastric secretion by cimetidine in healthy subjects. In Burland, W.L., M.A. Simkins: Cimetidine. Excerpta Medica, Amsterdam 1977 (S. 87)

2 Alfrey, A.C., G.R. LeGendre, W.D. Kaehny: The dialysis encephalopathy syndrome. Possible aluminium intoxication. New Engl. J. Med. 294 (1976) 184

3 Bauer, H., A. Doenicke, F. Holle: Kasuistische Mitteilung über die Möglichkeiten der Prophylaxe und Therapie gastrointestinaler Blutungen mit Cimetidin und Somatostatin bei Schwerstkranken. Anaesthesist 26 (1977) 662

4 Baum, S., M. Nusbaum: The control of gastrointestinal hemorrhage by selective mesenteric arterial infusion of vasopressin. Radiology 98 (1971) 497

5 Becker, H.D.: Methodischer Fortschritt in der Funktionsdiagnostik des Magens: Magenfunktionsanalyse, intragastrale Titration, endokrine Provokationstests. Z. Gastroent. 16 (1978) 118

6 Becker, H.D.: Sekretin in der Behandlung der akuten Magenblutung. In Creutzfeldt, W., R. Arnold: Cimetidin. Excerpta Medica, Amsterdam 1978 (S. 321)

7 Becker, H.D.: Behandlung blutender Schleimhauterosionen des Magens mit Sekretin, Z. Gastroent. 18 (1980) 334

8 Berndt, V., E. Götz, K. Schönleben, P. Langhans: Das Streßulkus: derzeitiger Stand von Pathogenese, Klinik, Prophylaxe und Therapie. Prakt. Anästh. 13 (1978) 108

9 Blackwood, W.S., T.C. Northfield: Nocturnal gastric acid secretion: effect of cimetidine and interaction with anticholinergics. In Burland, W.L., M.A. Simkins: Cimetidine. Excerpta Medica, Amsterdam 1977 (S. 124)

10 Bodemar, G., B. Norlander, A. Walan: Cimetidine in the treatment of active peptic ulcer

disease. In Burland, W.L., M.A. Simkins: Cimetidine. Excerpta Medica, Amsterdam (1977) (S. 224)

11 Bonfils, S., M. Mignon, O. Danne, J. Maria: Efficacité de traitements anti-sécrétoires combinés (cimétidine et pirenzépin) dans le syndrome de Zollinger-Ellison. La Nouvelle Presse Medicale 6 (1977) 3544

12 Brunner, H., P. Knoflach, C. Soveny, G. Grabner: Einfluß von Somatostatin auf den splanchnischen Blutfluß und Glucosestoffwechsel. Abstr. 29. In Creutzfeld, W., M. Classen: Ergebnisse der Gastroenterologie 1977. Demeter, Gräfelfing 1978

13 Burland, W.L., W.A.M. Duncan, T. Hesselbo, J.G. Mills, P.D. Sharpe: Pharmocological evaluation of cimetidine, a new histamine H_2-receptor antagonist, in healthy man. Brit. J. Clin. Pharmac. 2 (1975) 481

14 Canavan, J.S.F., J.D. Briggs: Cimetidine clearance in renal failure. In Burland, W.L., M.A. Simkins: Cimetidine. Excerpta Medica, Amsterdam 1977 (S. 75)

15 Carstensen, H.E., S. Bülow, O. Hart Hansen, B. Hamilton Jacobsen, T. Krarup, T. Pedersen, D. Raahave, L.B. Svendsen, O. Backer: Cimetidine for severe gastroduodenal haemorrhage: a randomized controlled trial. Scand. J. Gastroent. 15 (1980) 103

16 Chernov, M.S., F.B. Cook, McD. Wood, H.W. Hale: Stress ulcer: a preventable disease. J. Trauma 12 (1972) 831

17 Clain, J.E., J.R. Malagelada, V.S. Chadwick, A.F. Hofmann: Binding properties in vitro of antacids for conjugated bile acids. Gastroenterology 73 (1977) 556

18 Clinical trial: Comparison of two doses of cimetidine and placebo in the treatment of duodenal ulcer: a multicentre trial. Gut 20 (1979) 68

19 Croker, J.R.: Acute gastro-intestinal bleeding in the critically ill patient. Intens. Care Med. 5 (1979) 1

20 Curtis, L.E., S. Simonian, C.A. Buerk, E.F. Hirsch, H.S. Soroff: Evaluation of the effectiveness of controlled pH in management of massive upper gastrointestinal bleeding. Amer. J. Surg. 125 (1973) 474

21 Dalton, M.D., A.M. Eisenstein, J.H. Walsh, J.S. Fordtran: Effect of secretin on gastric function in normal subjects and in patients with duodenal ulcer. Gastroenterology 71 (1976) 24

22 Eastwood, G.L.: Failure of cholestyramine to prevent bile salt injury to mouse gastric mucosa. Gastroenterology 68 (1975) 1466

23 Feldman, M., Ch.T. Richardson, W.L. Peterson, J.H. Walsh, J.S. Fordtran: Effect of low-dose propantheline on foodstimulated gastric acid secretion. New Engl. J. Med. 297 (1977) 1427

24 Fordtran, J.S., J.H. Walsh: Gastric acid secretion rate and buffer content of the stomach after coting: results in normal subjects and in patients with duodenal ulcer. J. Clin. Invest. 52 (1973) 645

25 Forell, M.M., H. Stahlheber, P. Lehnert, W. Londong, H. Teufel, H. Fritz, O. Roder: Physiologie des exokrinen Pankreas. In Forell, M.M.: Handbuch der Inneren Medizin, Band III/6: Pankreas. Springer, Berlin 1976 (S. 65)

26 Griffiths, R., R.M. Lee, D.C. Taylor: Kintetics of cimetidine in man and experimental animals. In Burland, W.L., M.A. Simkins: Cimetidine. Excerpta Medica, Amsterdam 1977 (S. 38)

27 Guth, P.H., D. Aures, G. Paulsen: Topical aspirin plus HCl gastric lesions in the rat. Gastroenterology 76 (1979) 88

27a Hagenmüller, F., M. Classen, W.P. Fritsch, Z.U. Hausamen, L. Safrany, E. Seifert, O. Stadelmann: Depot-Sekretin beschleunigt die Heilung des Ulcus duodeni nicht. Z. Gastroent. 18 (1979) 665

28 Halloran, L.G.: The prevention of acid related gastrointestinal complications in severely brain injured patients. A 28 Abstr. 110. In Digestive Disease Week, Amer. Gastroenterol. Assoc. Meeting, New Orleans 1979

29 Hammer, R., C.P. Berrie, N.J.M. Birdsall, A.S.V. Burgen, E.C. Hulme: Pirenzepine distinguishes between different subclasses of muscarinic receptors. Nature 283 (1980) 90

30 Hastings, P.A., J.J. Skillman, L.S. Bushnell, W. Silen: Antacid titration in the prevention of acute gastrointestinal bleeding. New Engl. J. Med. 298 (1978) 1041

31 Henn, R.M., S. Selcon, R.A.L. Sturdevant, J.I. Isenberg, M.I. Grossman: Experience with synthetic secretin in the treatment of duodenal ulcer. Amer. J. Dig. Dis. 21 (1976) 921

32 Herzog, P., T. Grendahl, J. Linden, K.F. Schmitt, K.-H. Holtermüller: Veränderungen der Serum- und Urinelektrolyte unter langfristiger Einnahme von Antacida. Hepato-Gastroent. 27 (1980) (Suppl.) 208 (Abstr. E 26.12)

33 Hoare, A.M., G.V.H. Bradby, C.F. Hawkins, J.Y. Kang, P.W. Dykes: Cimetidine in bleeding peptic ulcer. Lancet 1979/II, 671

34 Holtermüller, K.-H.: Kompliziertes Ulcus; Prophylaxe und Therapie oberer gastrointestinaler Blutungen: Indikationen zur Antacidatherapie? Z. Gastroent. 18 (1980) 297

35 Hotz, J.: Theoretische und praktische Möglichkeiten einer Therapie mit Calcitonin beim Gastroduodenalulkus. Z. Gastroent. 18 (1980) 302

36 Ippoliti, A.F., R.A.L. Sturdevant, J.I. Isenberg, M. Binder, R. Camacho, R. Cano, M.M. Kline, R.L. Koretz, J.H. Meyer, I.M. Samloff, A.D. Schwabe, E.A. Strom, J.E. Valenzuela, R.H. Wintroub: Cimetidine versus intensive antacid therapy for duodenal ulcer. Gastroenterology 74 (1978) 393

37 Isenberg, J.I., V. Maxwell: Intravenous infusion of amino acids stimulates gastric acid secretion in man. New Engl. J. Med. 298 (1978) 27

38 Kayasseh, L., K. Gyr, G.A. Stadler, M. Allgoewer: Somatostatin in acute gastroduodenal hemorrhage. Lancet 1978/II, 833

39 Kayasseh, L., K. Gyr, U. Keller, G.A. Stadler: Somatostatin and cimetidine in peptic-ulcer

haemorrhage. A randomised controlled trial. Lancet 1980/I, 844
40 Keller, U., G.E. Sonnenberg, L. Kayasseh, K. Gyr. A. Perruchoud: Dosisabhängigkeit der Wirkung von Somatostatin auf die splanchnische Durchblutung beim Menschen. Schweiz. med. Wschr. 109 (1979) 595
41 Konturek, S.J., J. Biernat, T. Grzelec: Inhibition by secretin of the gastric acid responses to meals and to pentagastrin in duodenal ulcer patients. Gut 14 (1973) 842
42 Konturek, S.J., J. Tasler, M. Cieszkowski, D.H. Coy, A.V. Schally: Effect of growth hormone release-inhibiting hormone on gastric secretion, mucosal blood flow, and serum gastrin. Gastroenterology 70 (1976) 737
43 Konturek, S.J., J. Tasler, M. Cieszkowski, J. Jaworek; Comparison of intravenous amino acids in the stimulation of gastric secretion. Gastroenterology 75 (1978) 817
44 Kunert, H., R. Ottenjann: Effekt eines Mg-Al-hydroxidhaltigen Antazidums auf die Heilungsdauer von Ulcera duodeni – randomisierte Doppelblindstudie. Z. Gastroent. 17 (1979) 630
45 La Brooy, S.J., J.J. Misiewicz, J. Edwards, P.M. Smith, S.J. Haggie, L. Libman, M. Sarner, J.H. Wyllie, J. Croker, P. Cotton: Controlled trial of cimetidine in upper gastrointestinal hemorrhage. Gut 20 (1979) 892
46 Larsson, R., G. Bodemar, B. Norlander: Oral absorption of cimetidine and its clearance in patients with renal failure. Europ. J. Clin. Pharmacol. 15 (1979) 153
47 Larsson, R., B. Norlander, G. Bodemar, A. Walan: Steady state kinetics and dosage requirements of cimetidine in renal failure. Clin. Pharmacokinet. (1980) im Druck
48 Lembcke, B., C. Fuchs, R.D. Hesch, W.F. Caspary: Effects of Antacid Administration on Mineral Metabolism. Symposium on Antacids, Hamburg 1980. Abstr. H. 1.19
49 Londong, W., V. Londong, R. Prechtl, T. Eversmann: Vergleichende Untersuchungen der Pirenzepin- und Cimetidinwirkung auf peptonstimulierte Säuresekretion und Serumgastrin des Menschen. In Blum, A.L., R. Hammer: Die Behandlung des Ulcus pepticum mit Pirenzepin. Demeter, Gräfelfing 1979 (S. 75)
50 Londong, W., V. Londong, A. Schwanner: Gastric effects and side effects of synthetic secretin in man. 12th Meeting of European Pancreatic Club, Kopenhagen 1979
50a Londong, W., V. Londong, R. Prechtl, A. Schwanner: Untersuchungen zur Effektivität von Cimetidin, Pirenzepin und synthetischem Sekretin auf die stimulierte Magensäuresekretion. Z. Gastroent. 18 (1980) 306
51 Londong, W., V. Londong, Th. Weber, K. von Werder: Interaction of an antimuscarinic and an H_2-receptor antagonizing drug in man. Gut 21 (1980) im Druck
52 Londong, W., V. Londong, C. Ruthe, P. Weizert: Complete inhibition of stimulated gastric acid secretion by combined application of ranitidine and pirenzepine. Hepato-Gastroent. 27 (1980) (Suppl.) 176 (Abstr. E 23.8)
53 Londong, W., V. Londong, B. Lukas, C. Ruthe: Sekretionsstudien zur Säuresuppression mit alleiniger und kombinierter Calcitoninapplikation. In Vorbereitung
54 Lorenz, W., M. Fischer, H. Rohde, H. Troidl, H.J. Reimann, Ch. Ohmann: Histamine and stress ulcer: New components in organizing a sequential trial on cimetidine prophylaxis in seriously ill patients and definition of a special group at risk (severe polytrauma). Klin. Wschr. 58 (1980) 653
55 Luk, G.D., W.J. Luk, Th.R. Hendrix: Cimetidine and impaired renal function. Ann. Intern. Med. 90 (1979) 991
56 MacDougall, B.R.D., R.J. Bailey, R. Williams: H_2-receptor-antagonists and antacids in the prevention of acute gastrointestinal hemorrhage in fulminant hepatic failure. Lancet 1977/I, 617
57 Macklin, A.F., S.H. Roberts, O. James: Cimetidine in bleeding peptic ulcer. Lancet 1979/II, 1135
58 Martin, L.F., D.K. Staloch, D.A. Simonowitz, E. Patchen Dellinger, H.M. Martin: Failure of cimetidine prophylaxis in the critically ill. Arch. Surg. 114 (1979) 492
59 Mattes, P., D. Belohlavek, G. Peros, H.G. Kilian, Ch. Herfarth: Kontrollierte prospektive Studie über die Wirkung von Pirenzepin beim Streßulkus. In Blum, A.L., R. Hammer: Die Behandlung des Ulcus pepticum mit Pirenzepin. Demeter, Gräfelfing 1979 (S. 239)
60 McAlhany, J.C., A.J. Czaja, B.A. Pruitt: Antacid control of complications from acute gastroduodenal disease after burns. J. Trauma 16 (1976) 645
61 McQuillan, M.T.: Somatostatin. Annual Research Reviews, Vol. 1. Churchill Livingstone, Edinburgh 1977
62 Menguy, R.: The prophylaxis of stress ulceration. N. Engl. J. Med. 302 (1980) 461
63 Meredith, C.G., M. Kennedy, D.N. Wade, D. Byrnes, W. Hennessy, D. Frommer, M. Sweeten: Cimetidine and upper gastrointestinal hemorrhage. Aust. NZ. J. Med. 8 (1979) 669
64 Mignon, M., T. Vallot, J.P. Galmiche, J.L. Dopas, S. Bonfils: Interest of a combined antisecretory treatment, cimetidine and pirenzepine, in the management of severe forms of Zollinger-Ellison syndrome. Digestion 20 (1980) 56
65 Miller, T.A., E.D. Jacobson: Gastrointestinal cytoprotection by prostaglandins. Gut 20 (1979) 75
66 Müller, P., H. Kather, B. Simon: Der zytoprotektive Effekt der Prostaglandine. Dtsch. med. Wschr. 104 (1979) 1853
67 Norlander, B., G. Bodemar, A. Walan: Therapeutic blood concentrations and renal excretion of cimetidine. XIII. Scandinavian Meeting on Gastroenterology, Helsinki 1979, Abstr.
68 Norton, L., D. Mathews, L. Avrum, B. Eiseman: Pharmacological protection against swine stress ulcer. Gastroenterology 66 (1974) 503

69 Parsons, E., T. Bunce, C. Blakemore, C. Rasmussen: Pharmacological studies on the gastric antisecretory agent, pirenzepine. In Blum, A.L., R. Hammer: Die Behandlung des Ulcus pepticum mit Pirenzepin. Demeter, Gräfelfing 1979 (S. 26)

70 Peterson, W.L., R.A.L. Sturdevant, H.D. Frankl, Ch.T. Richardson, J.I. Isenberg, J.D. Elashoff, J.Q. Sones, R.A. Gross, R.W. Mc Callum, J.S. Fordtran: Healing of duodenal ulcer with an antacid regimen. New Engl. J. Med. 297 (1977) 341

71 Phillip, J., S. Domschke, W. Domschke, H.J. Urbach, M. Reiss, L. Demling: Inhibition by somatostatin of gastrin release and gastric acid responses to meals and to pentagastrin in man. Scand. J. Gastroent. 12 (1977) 261

72 Pickard, R.G., I. Sanderson, M. South, J.S. Kirkham, T.C. Northfield: Controlled trial of cimetidine in acute upper gastrointestinal bleeding. Brit. Med. J. 1 (1979) 661

73 Pounder, R.E., J.G. Williams, R.H. Hunt, S.H. Vincent, G.J. Milton-Thompson, J.J. Misiewicz: The effects of oral cimetidine on food-stimulated gastric acid secretion and 24-hour intragastric acidity. In Burland, W.L., M.A. Simkins: Cimetidine. Excerpta Medica, Amsterdam 1977 (S. 189)

74 Priebe, H.J., J.J. Skillman, L.S. Bushnell, P.C. Long, W. Silen: Antacid versus cimetidine in preventing acute gastrointestinal bleeding. New Engl. J. Med. 302 (1980) 42b

75 Raptis, S., H.C. Dollinger, L. v. Bergen, W. Schlegel, K.E. Schröder, E.F. Pfeiffer: Effects of somatostatin on gastric secretion and gastrin release in man. Digestion 13 (1975) 15

76 Sachs, K.G., D.K. Kasbekar, T. Berglindh: The mechanism of action of pirenzepine on gastric secretion. In: Blum, A.L., R. Hammer: Die Behandlung des Ulcus pepticum mit Pirenzepin. Demeter, Gräfelfing 1979 (S. 18)

77 Saunders, J.H.B., J.M. Cargill, K.G. Wormsley: Effects of cimetidine and poldine on nocturnal gastric secretion in duodenal ulcer. Digestion 15 (1977) 452

78 Schellerer, W., W. Wagner, M. Klinger: Vitamin A und Streßulkus. Münch. med. Wschr. 117 (1975) 1701

79 Schentag, J.J., F.B. Cerra, G. Calleri, E. De Glopper, J.Q. Rose, H. Bernhard: Pharmacokinetic and clinical studies in patients with cimetidine-associated mental confusion. Lancet 1979/I, 177

80 Scholten, Th., W.-P. Fritsch, J.E. Müller, K.-J. Engels: Langzeitsuppression der H^+-Sekretion durch Kombination von Cimetidin und Methanthelinbromid. Dtsch. med. Wschr. 104 (1979) 1849

81 Schumpelick, V., D. Grossner: Cholestyramin zur Streßulkusprophylaxe der Ratte. Res. Exp. Med. 166 (1975) 235

82 Schumpelick, V., D. Grossner: Erste klinische Erfahrungen mit Cholestyramin zur Streßulkusprophylaxe. Münch. med. Wschr. 119 (1977) 1329

83 Schwille, P.O., F. Putz, R. Thum, W. Schellerer, G. Draxler, G. Lang: Anti-stress ulcer and anti-secretory effect of somatostatin in rats – failure to suppress serum gastrin. Acta Hepatogastroent. 24 (1977) 259

84 Sewing, K., N. Kaplowitz: Pharmacokinetics of ^{14}C-cimetidine in nephrectomized rats. Gastroenterology 76 (1979) 1242

85 Siddiqi, Z.A., G. Tildesley, P.T. Pickens, R.A. McNay: Cimetidine in acute upper gastrointestinal bleeding. Brit. med. J. 1 (1979) 954

86 Silvestri, N., M. Curzio, U. Motta, P. de Pietri, F. Bonacina, G. Minoja: Cimetidine to prevent stress ulcers. Lancet 1980/I, 885

87 Simonian, S.J., L.E. Curtis: Treatment of hemorrhagic gastritis by antacid. Ann. Surg. 184 (1976) 429

88 Sörensen, R.: Angiographische Untersuchungen bei komplizierten Ulcerationen des Magens und Duodenums. In Häring, R.: Das komplizierte gastroduodenale Ulkus. Thieme, Stuttgart 1978 (S. 18)

89 Solem, L.D., R.G. Strate, R.P. Fischer: Antacid therapy and nutritional supplement in the prevention of Curling's ulcer. Surg. Gynecol. Obstet. 148 (1979) 367

90 Spence, R.W., R.L. Celestin, R. De La Guardia, C.A. MacMullen, D.A. McCormick: Biliary secretion of cimetidine in man. In Burland, W.L., M.A. Simkins: Cimetidine. Excerpta Medica, Amsterdam 1977 (S. 81)

91 Spencer, H., M. Lender: Adverse effects of aluminium-containing antacids on mineral metabolism. Gastroenterology 76 (1979) 603

92 Stockbrügger, R., B. Jaup, G. Dotevall: Inhibition of gastric acid secretion by pirenzepine (LS 519) in man. Scand. J. Gastroent. 14 (1979) 615

93 Thjodleifsson, B., K.G. Wormsley: Gastric response to metiamide. Brit. med. J. 2 (1974) 304

94 Wagner, P.K., M. Rothmund: Effekt von Cimetidin und Sekretin bei akuten Blutungen aus Magen und Duodenum – Ergebnisse einer prospektiven alternierenden Studie. Z. Gastroent. 18 (1980) 337

95 Zierden, E., K. Hengst, H. Wagner, U. Gerlach: Inhibition of stress ulcer formation with somatostatin in rats. Res. Exp. Med. 168 (1976) 199

96 Zike, W.L., S. Safaie-Shirazi, L. Denbesten: The role of cholestyramine in the prevention of stress ulcers. J. Surg. Res. 17 (1974) 315

97 Zumtobel, V., R.K. Teichmann, D. Inthorn: Prophylaxe und Therapie gastroduodenaler Streßblutungen mit Cimetidin. Z. Gastroent. 18 (1980) 330

Streßläsionen unter Intensivtherapie

H. Huth, G. Kautz und E. Götz

Hämorrhagien aus dem oberen Gastrointestinaltrakt zählen zu den schwerwiegenden Komplikationen während einer Intensivbehandlung, zumal sie eine Patientengruppe treffen, die ohnehin durch ihre Grunderkrankung und deren Komplikationen vital bedroht ist. Das Zusammenspiel verschiedener Faktoren der Intensivbehandlung verursacht einen starken unspezifischen Reiz, der den Organismus in einen Zustand versetzt, der als Streß zu definieren ist. Hierdurch werden Adaptationsreaktionen provoziert (28), die nach SEYLE in 3 Phasen erfolgen:

1. einer Alarmreaktion
2. einem Widerstandsstadium
3. einem Erschöpfungsstadium.

Überschießende Reaktionen im Verlauf der 2. Phase innitieren Anpassungskrankheiten. Von diesen sind die Hämorrhagien aus dem Gastrointestinaltrakt wegen der plötzlichen hohen Blutverluste die gefährlichsten.

Unter einer Streßläsion des oberen Gastrointestinaltraktes im weitesten Sinne ist eine akute Läsion zu verstehen, die verschiedene Tiefen der Magen-Darmwand erreichen kann. Hierunter sind zu zählen:

1. die Erosionen, welche die im Magen nur schwach entwickelte Muscularis mucosa nicht überschreiten
2. die regelrecht echten Ulzera sowie
3. die Ulkusperforationen.

Diese Veränderungen können sich schnell, d. h. innerhalb von Stunden, aber auch bis zu Wochen nach einer Streßnoxe ausbilden. Dabei scheint die Anzahl prädisponierender Faktoren eine Rolle zu spielen. Zu diesen Faktoren zählen im wesentlichen:

1. Mikrozirkulationsstörungen mit Vasokonstriktion, bedingt durch einen erhöhten Sympathotonus bei gleichzeitiger Öffnung submuköser Shunts,
2. Hypoxische Zustände,
3. Regenerationsstörungen der Schleimhaut,
4. Veränderungen in der Schleimzusammensetzung,
5. Motilitätsstörungen des Magen-Darm-Traktes,
6. Stimulierung der Magensaftresektion.

Darüber hinaus scheinen allgemeine genetische Prädispositionen ebenfalls von Bedeutung zu sein.

Gerade intensivbehandelte Patienten leiden an Erkrankungen, die sehr häufig die genannten Faktoren einzeln oder in Summation beinhalten (Tab. 1). Besonders gefährdet sind Polytraumatisierte, die sich oft sehr lange in einem Schockzustand befunden haben. Besteht gleichzeitig ein Schädel-Hirn-Trauma mit intrakranieller Symptomatik, so können Hirndrucksteigerung und Stimulierung des 10. Hirnnervenvermehrte Magensekretion auslösen (26, 8). Besonders aber sind Patienten mit isoliertem Schädel-Hirn-Trauma wegen ihrer erheblichen vegetativen Instabilität gefährdet.

Tabelle 1 Streßläsiongefährdende Krankheitsbilder und Therapeutika

1. *Erkrankungen*	
Politrauma	Tetanus
Schädel-Hirn-Trauma	Hämorrhagischer Schock
Abdominale Operationen	Kardiogener Schock
Thorakale Operationen	Allergischer Schock
Septischer Schock	Koma
Peritonitis	Psychisches Trauma
Verbrennungen	
2. *Medikamentöse Therapie*	
Kortison	Antiphlogistika
Zytostatika	Antirheumatika
Antikoagulantien	Narkotika

Zu einer 3. Gruppe zählen Patienten nach großen abdominellen oder thorakalen Operationen in der postoperativen Phase. Aber auch selbst dann, wenn der Streß eines nur kleinen Eingriffs gering erscheint, kann es zur Entstehung einer gastroduodenalen Läsion kommen, sobald Komplikationen wie respiratorische Insuffizienz, Illeus, Ikterus oder Nierenversagen eintreten. Dabei werden bei den Patienten, die eine Peritinitis oder ein anderes septisch-toxisches Bild entwickeln, prädisponierende Faktoren in Kombination auftreten (26, 8).

Weiterhin können Krankheitsbilder wie ausgedehnte Verbrennungen, allergische oder kardiogene Schockzustände, psychische Traumen und Tetanus zu akuten Belastungen führen, die das Entstehen von Streßläsionen begünstigen (10). Ebenso ist bekannt, daß Stoffwechselentgleisungen im Sinne von hepatischen, diabetischen oder urämischen Komazuständen die Basis für streßinduzierte Blutungen bilden können.

Neben diesen Krankheitsbildern fördern Medikamente, die häufig im Rahmen der Intensivbehandlung angewandt werden, diese Komplikation. An erster Stelle müssen hier die Kortikoide genannt werden (14). Die hochdosierte Applikation zur Prophylaxe und Therapie des Hirnödems insbesondere bei neurochirurgischen Patienten in der postoperativen und auch posttraumatischen Phase wie ebenso die Langzeittherapie internistischer Krankheitsbilder führen zu Veränderungen der Mikrozirkulation der Schleimhaut und der Schleimzusammensetzung. Dies bildet die Grundlage einer Schwächung der Schleimhautbarriere und gibt die Darmwand der Andauung preis.

Neben dieser direkten Beeinflussung durch Medikamente besteht eine indirekte Wirkung über die Freisetzung von Gewebshormonen. In diesem Zusammenhang muß speziell auf die Histaminfreisetzung durch eine große Zahl von Pharmaka hingewiesen werden, deren stimulierender Effekt auf die Magensaftazidität unstrittig ist (8, 12, 14, 15, 26).

LORENZ hat gezeigt, daß Narkotika wie das Thiopental einen 450%igen, oder Propanidid einen 350%igen, oder Althesin einen 200%igen und das Methohexital einen 185%igen Anstieg des Plasmahistaminspiegels beim Menschen hervorrufen. Auch Plasmaersatzstoffe wie Oxypoligelatine und Dextrane lassen einen Anstieg des Plasmahistaminspiegel erkennen. Daneben sind außerdem Patienten als besonders gefährdet anzusehen, die unter Zytostatika, Antiphlogistika, Antirheumatika sowie Antikoagulantien vom Typ der Acetylsalicylsäure stehen.

Auf der Intensivstation unserer Klinik wurden in den Jahren 1978 und 1979 insgesamt 3008 Patienten behandelt, von denen 13 eine endoskopisch gesicherte Streßläsion entwickelten entsprechend 0,43% des Patientengutes (Tab. 2).

Tabelle 2 Streßläsionen bei Patienten der Intensivstation der Klinik für Anästhesiologie und operative Intensivmedizin 1978 und 1979

Grundleiden behandelnde Klinik	Gesamtzahl der Patienten	Anzahl der Streßläsionen	prozentual
1. Allgemein- und Unfallchirurgie	1177	6	0,5%
2. Neurochirurgie	676	6	0,9%
3. Herz- und Thoraxchirurgie	983	0	0,0%
4. Andere (Orthop., Gynäkol.) (HNO, ZMK)	172	1	0,5%
Gesamtzahl	3008	13	0,43%

Der Anteil der allgemein- und unfallchirurgischen Patienten war mit 1177 am größten; von ihnen hatten 6 Patienten eine Streßläsion entsprechend 0,5%, neurochirurgische Patienten wurden 676mal behandelt, wobei es 6mal zu einer Streßblutung kam, entsprechend 1%. Bei den 983 herz- und thoraxchirurgischen Patienten trat in keinem Fall eine gastroduodenale Blutung auf. Diese Patienten wurden nach einem maximal 48 Stunden andauernden postoperativen Aufenthalt auf der Intensivstation in eine kardiochirurgische Observation überführt. Die Entwicklung einer Erosion bis hin zur klinischen Manifestation trat im genannten Zeitraum bei keinem Patienten auf. Unter den 172 Patienten anderer Fachgebiete, zu denen die Orthopädie, die Gynäkologie, die Hals-Nasen- und Ohrenklinik und die Klinik für Zahn- Mund- und Kieferchirurgie gehören, hatte 1 Patient eine Streßblutung.

Der höchste Anteil gastrointestinaler Läsionen mit nahezu 1% wurde bei neurochirurgischen Patienten gefunden, die sowohl auf Grund ihrer Erkrankung als auch der speziell durchzuführenden medikamentösen Therapie einer besonderen Summierung prädisponierender Faktoren unterliegen.

Dagegen fand sich bei den übrigen Patienten, außer denen der Herz- und Thoraxchirurgie, eine Häufigkeit von 0,5% streßbedingter gastrointestinaler Blutungen.
Insgesamt resultierte daraus eine Inzidenz von 0,43% für das gesamte Patientengut der Intensivstation unserer Klinik in den Jahren 1978 und 1979.

Dies deckt sich mit den Angaben der Literatur, wenngleich wegen der Heterogenität des Patientengutes in den einzelnen Publikationen ein allgemeingültiger Vergleich zu ziehen nicht möglich ist (Tab. 3). Auffällig an diesem Überblick bleibt aber, daß seit Beginn der siebziger Jahre die Häufigkeit von Streßblutungen rückläufig zu sein scheint. Dies muß im Zusammenhang mit der zunehmenden subtilen Kenntnis der auslösenden Faktoren sowie konsequenter und intensivierter Prophylaxe von Streßläsionen, wie sie in den letzten Jahren eingetreten ist, gesehen werden.

Tabelle 3 Angaben in der Literatur über die Häufigkeit von Streßläsionen

1. *Schaberg*	1954	7,0%
2. *Conrad* und *Wedell*	1964	3,0%
3. *Kolig* u. a.	1966	1,2%
4. *O'Neill*	1968	13,3%
5. *Eisemann*	1970	0,4%
6. *Klemm*	1971	0,5%
7. *David* u. a.	1971	0,05%
8. *Eigene*	1979	0,43%

Tabelle 4 Prophylaxe der Streßläsionen

1. *Allgemeine Maßnahmen*
   Ableiten des Magensekretes durch eine Magensonde
   Frühzeitige Sondenernährung
   Ausreichende Oxygenierung des Blutes
   Konsequente Schockbehandlung
   Adäquate Sedierung und analgetische Therapie
2. *Spezielle medikamentöse Maßnahmen*
   Antazida
   H_2-Rezeptor Antagonisten
   Niedermolekulare Dextrane
   Anticholinergika

Auf der Intensivstation der Klinik für Anästhesiologie und operative Intensivmedizin werden folgende vorbeugenden Maßnahmen durchgeführt (Tab. 4).

1. Zur Reduzierung der aggressiven Komponente wird das Magensekret mittels Magensonde abgeleitet.

2. Ist es zunächst erforderlich, einen Patienten parenteral zu ernähren, wird angestrebt, sobald als möglich mit der Sondenernährung zu beginnen.

3. Ist die Lungenfunktion eingeschränkt und der Gasaustausch gefährdet, so muß unbedingt durch entsprechende Maßnahmen wie Sauerstoffinhalation oder apperative Beatmung für eine ausreichende Oxigenierung des Blutes gesorgt werden.

4. Eine konsequente Schocktherapie, wie sie aus den verschiedensten Gründen notwendig ist, stellt eine wesentliche Prophylaxe der Streßläsion dar.

5. Gegebenenfalls wird eine Sedierung und ausreichende analgetische Therapie erforderlich, da die Patienten während der Intensivbehandlung vermehrt psychischen Traumen, Immobilisation und Schmerzen ausgesetzt sind. In diesen Fällen behandeln wir mit Psychopharmaka, wie Phenothiazinen, Butyrophenonen, Thranquilizern je nach dem angestrebten Sedierungseffekt sowie mit Analgetika morphinartiger Wirkung.
Allerdings muß oft gerade in der Phase der Entwöhnung vom Respirator, die eine besondere psychische Belastung darstellt, auf eine solche Sedierung verzichtet werden, da eine aktive Mitarbeit des Patienten erreicht werden muß. Daher ist es nicht verwunderlich, daß häufig gerade dann, wenn sich das gesamte Krankheitsbild deutlich gebessert hat und eine Entwöhnung vom Respirator möglich wird, eine Streßblutung einen schweren Rückfall hervorruft.

6. Bei der Auswahl der Pharmaka bedürfen solche, die eine cholinerge Wirkung entfalten, besonderer Berücksichtigung, da die morphinartigen Analgetika, wie auch die zur Steigerung der Darmmotilität eingesetzten Parasympathomimetika einen vagusstimulierenden Effekt haben. Dadurch muß bei Anwendung dieser Pharmaka mit einer Steigerung der Magensaftsekretion gerechnet werden. In diesen Fällen scheint eine anticholinerge Therapie besonders sinnvoll.
Die speziellen medikamentösen Maßnahmen bestehen in der Gabe von Antazida, H_2-Rezeptor-Antagonisten, niedermolekularen Dextranen und von Anticholinergika in Form des Pirenzepins.

Im einzelnen werden verwendet:

1. Magnesium-Aluminium-Trisilikat in Form von Gelusil-Lac, dem eine gewisse laxierende Wirkung zukommt, ferner das Magnesium-Hydroxid-Aluminium-Hydroxid-Gemisch Maaloxan. Diesem Stoff kommt eine obstipierende Wirkung zu. In einer Dosierung von

Tabelle 5 Dosierung bei medikamentösen Maßnahmen

1. Magnesium-Aluminiumsilikathydrat	6–8–12	mal	1000 mg/die
2. Magnesium-Aluminiumhydroxid	6–8–12	mal	1100 mg/die
3. Cimetidin	6	mal	200 mg/die
4. Dextran 10% (Mol. Gew. 40000)	4	mal	125 ml/die
5. Pirenzepin	3	mal	20 mg/die

ca 1000 mg Wirksubstanz je Einzelgabe, 6–12mal pro 24 Stunden, erhalten die Patienten diese Antazida über die Magensonde appliziert.

2. Zur Reduzierung der Histaminwirkung wird der H_2-Rezeptorantagonist Cimetidin in einer Dosierung von 6 x 200 mg pro 24 Stunden verabreicht.

3. Durch 6stündliche Applikation von je 125 ml 10%igem niedermolekularem Dextran wird versucht, die Mikrozirkulation zu verbessern.

4. Im Verlauf des Jahres 1979 wurde zunächst alternativ zum Cimetidin, später auch in Kombination damit, das Anticholinergikum Pirenzepin in einer Dosierung von 3 x 20 mg pro 24 Stunden angewandt.

In den 13 Fällen, in denen es dennoch zu einer gastrointestinalen Blutung gekommen ist, wurde in Zusammenarbeit mit der Chirurgischen Klinik das weitere Vorgehen festgelegt. So mußte in 9 Fällen durch operatives Eingreifen behandelt werden, 4mal konnte die Blutung endoskopisch zum Stillstand gebracht werden, (endoskopisches Labor der Chirurgischen Klinik, Herr Dr. med. Kautz). Hierbei wurde wie bei der Wandsklerosierung blutender Ösophagusvarizen verfahren:

Unter das Ulkus, bzw. bei sichtbarem Gefäßstumpf in dessen unmittelbare Nähe, wird 1%iges Äthoxisklerol submukös in Portionen von 0,5 ml injiziert. Das so gesetzte Ödem komprimiert die submukösen Arterien und im Falle von Sickerblutungen sistierte die Blutung nach Injektionen von 3–5 ml prompt. Der anhaltende Effekt der Blutstillung ist möglicherweise durch das Äthoxisklerol bedingte Entzündungsödem zu erklären. Bei spritzenden Blutungen reicht der Kompressionseffekt jedoch häufig nicht aus. Hier kann, wie bei zweien der konservativ behandelten Patienten durchgeführt, durch die intravenöse Anwendung von 1 mg Glypressin noch ein Erfolg erzielt werden. Bei massiven Blutungen muß jedoch ein Zeitverlust bis zur exakten Blutstillung vermieden werden und der Laparotomie ist der Verzug zugegeben.

Von den insgesamt 13 Patienten mit einer streßbedingten gastrointestinalen Blutung haben 5 Patienten das Ereignis der Blutung wie auch das jeweilige Grundleiden überlebt, was einem Anteil von 62% entspricht. Verstorben sind 5 Patienten entsprechend 38%, wobei 2 ihrer Grunderkrankung, 2 kardiopulmonalen Ereignissen und 1 Patient einer postoperativen Komplikation erlegen sind.

Daß es trotz Ausschöpfung aller prophylaktischen Maßnahmen im Einzelfall immer noch nicht gelingt, Streßläsionen durch medikamentöse Therapie zu unterbinden, sei an folgendem Fall gezeigt:

Ein fünfjähriger Junge hatte unter Kortisontherapie nach einem neurochirurgischen Eingriff eine akute Streßblutung entwickelt, die zu operativem Vorgehen zwang. Dabei wurde das pylorusnahe Ulcus duodeni operativ umstochen. Trotz Anwendung aller vorbeugenden Maßnahmen entwickelte sich nach diesem Eingriff abermals eine akute gastrointestinale Blutung, sodaß nochmals laparotomiert werden mußte. 2 Duodenalulzera, die neu entstanden und ohne Bezug zum vorher behandelten Ulkus waren, mußten um-

Gastrozepin®

Spezifischer Magensekretionshemmer

Bei Ulcus und Gastritis

Tabletten

Zusammensetzung:
1 Tablette enthält: Pirenzepin-dihydrochlorid = 5,11-Dihydro-11-[(4-methyl-piperazin-1-yl)-acetyl]-6H-pyrido[2,3-b][1,4]benzodiazepin-6-on-dihydrochlorid 25 mg.
Anwendungsgebiete:
Akute und chronische Formen von Ulcus ventriculi und Ulcus duodeni, hyperazider Reizmagen, Gastritis, medikamentös bedingte Magenbeschwerden.
Gegenanzeigen:
In Tierversuchen wurde festgestellt, daß Gastrozepin auch bei hoher Dosierung keine teratogenen Eigenschaften besitzt. Trotzdem wird, wie bei allen neuen Arzneimitteln, von der Anwendung während der ersten 3 Schwangerschaftsmonate abgeraten.
Nebenwirkungen:
Gelegentlich kann die Therapie mit Gastrozepin eine Appetitanregung bewirken. Eine in seltenen Fällen auftretende Stuhlerweichung ist als wünschenswerter Beweis dafür zu werten, daß Magen- und Darmmotilität nicht gestört werden.
Die Nahsehfähigkeit kann – vor allem bei älteren Patienten mit einer verminderten Anpassungsfähigkeit der Augen – vorübergehend beeinträchtigt werden. Die Sehschärfe für die Ferne dagegen wird nicht beeinflußt.

Eigenschaften:
Gastrozepin ist ein von der Thomae-Forschung neu entwickelter Arzneistoff. Gastrozepin hemmt deutlich die Produktion von Magensaft und senkt dessen Säuregehalt. Pharmakologische und klinische Untersuchungen zeigen, daß diese Wirkung bei Gastrozepin selektiv ist, da bei Dosierungen, die die Magensekretion signifikant hemmen, typische anticholinerge Nebeneffekte fehlen. Besonders hervorzuheben ist, daß der neue Gastrozepin-Wirkstoff trotz seiner trizyklischen Struktur pharmakologisch und klinisch keinerlei zentrale Wirkung zeigt.
Aufgrund seiner pharmakokinetisch bedingten Halbwertszeit von durchschnittlich 12 Stunden besitzt Gastrozepin Langzeitwirkung. Gastrozepin führt durch die ausgeprägte Hemmung der Salzsäureproduktion im Magen zu schneller und anhaltender Schmerzfreiheit, die bei guter Verträglichkeit in der Regel schon nach wenigen Tagen erreicht wird.
Dosierungsanleitung, Art der Anwendung:
Zu Beginn der Therapie einmalig 2 Tabletten, dann jeweils morgens und abends 1 Tablette. Nach Eintritt der Beschwerdefreiheit, die mit Gastrozepin in der Regel schon nach wenigen Tagen erreicht wird, soll bis zur völligen Ausheilung noch 2–3 Wochen (je 1 Tablette morgens und abends) weiterbehandelt werden. Die Einnahme erfolgt am besten vor den Mahlzeiten mit einem Schluck Flüssigkeit. Bei schweren und komplizierten Ulcera ventriculi oder Ulcera duodeni kann die tägliche Dosis auf 100–150 mg erhöht werden. Die Einnahme sollte 2 x täglich (morgens und abends) erfolgen.
Darreichungsformen und Packungsgrößen:
Originalpackungen mit 20, 50 und 100 Tabletten, Klinikpackungen mit 500 und 1000 Tabletten.
Zur sicheren Identifizierung der Gastrozepin-Tablette trägt diese auf der einen Seite die Prägung Th und auf der anderen Seite beiderseits der Bruchkerbe die Prägung 61 C.

Ampullen

Zusammensetzung:
1 Ampulle enthält 31,27 mg Trockensubstanz mit 10,43 mg Pirenzepin-dihydrochlorid-monohydrat entsprechend 10 mg Pirenzepin-dihydrochlorid. Die zubereitete Injektionslösung enthält 10 mg Pirenzepin-dihydrochlorid in 2 ml.
Anwendungsgebiete:
Akute und chronische Formen von Geschwüren des Magens und des Zwölffingerdarmes, Zollinger-Ellison-Syndrom, medikamentös bedingte Magenbeschwerden.
Gegenanzeigen:
Zwar besitzt Gastrozepin auch bei hoher Dosierung keine teratogenen Eigenschaften, trotzdem wird – wie allgemein üblich – von einer Anwendung während der ersten drei Schwangerschaftsmonate abgeraten.
Nebenwirkungen:
Gelegentlich kann die Therapie mit Gastrozepin eine Appetitanregung bewirken. Eine in seltenen Fällen auftretende Stuhlerweichung ist als wünschenswerter Beweis dafür zu werten, daß Magen- und Darmmotilität nicht gestört werden.
Die Nahsehfähigkeit kann – vor allem bei älteren Patienten mit einer verminderten Anpassungsfähigkeit der Augen – vorübergehend beeinträchtigt werden. Die Sehschärfe für die Ferne dagegen wird nicht beeinflußt.

Eigenschaften:
Gastrozepin ein Produkt der Thomae-Forschung, hemmt deutlich die Produktion von Magensaft und senkt dessen Säuregehalt. Pharmakologische und klinische Untersuchungen zeigen, daß diese Wirkung bei Gastrozepin selektiv ist, da bei Dosierungen, die die Magensekretion signifikant hemmen, typische anticholinerge Nebeneffekte fehlen. Besonders hervorzuheben ist, daß der neue Gastrozepin-Wirkstoff trotz seiner trizyklischen Struktur pharmakologisch und klinisch keinerlei zentrale Wirkung zeigt. Aufgrund seiner pharmakokinetisch bedingten Halbwertszeit von durchschnittlich 12 Stunden besitzt Gastrozepin Langzeitwirkung. Gastrozepin führt durch die ausgeprägte Hemmung der Salzsäureproduktion im Magen zu schneller und anhaltender Schmerzfreiheit, die bei guter Verträglichkeit in der Regel schon nach wenigen Tagen erreicht wird.
Dosierungsanleitung, Art der Anwendung:
Es empfiehlt sich, im Abstand von 12 Stunden jeweils 1 Ampulle der zubereiteten Lösung intramuskulär oder intravenös zu injizieren; bei Patienten mit Zollinger-Ellison-Syndrom soll die Dosis zumindest verdoppelt werden; in besonders schweren Fällen ist die 3mal tägliche Applikation von je 2 Ampullen angezeigt.
Die parenterale Gastrozepin-Therapie sollte bis zum Abklingen der Symptome – in der Regel 2–3 Tage, bis Gastrozepin oral angewendet werden kann –, bei Zollinger-Ellison-Syndrom bis zur Operation fortgeführt werden.
Intravenöse Infusion: Die gebrauchsfertige Gastrozepin-Lösung (pH = 7) ist mischbar mit isotonischer Kochsalz-Lösung, Ringer-Lösung, 5 %iger Lävulose- oder 5 %iger Traubenzucker-Lösung.
Da bei den oben angeführten Lösungen je nach Hersteller Unterschiede in den galenischen Zubereitungen bestehen können (z. B. pH-Wert), sollte vor jeder Anwendung eine visuelle Kontrolle erfolgen. Die fertige Gastrozepin-Injektionslösung ist mit den Lösungen mischbar, wenn keine Trübungen, Fällungen oder Farbveränderungen auftreten. Die Mischung mit den Lösungen sollte sachgemäß vor Infusionsbeginn erfolgen. Die Beurteilung der Mischbarkeit bezieht sich auf einen Beobachtungszeitraum von 12 Stunden bei Raumtemperatur. Gastrozepin enthaltende Infusionslösungen sind innerhalb dieser Frist zu applizieren.
Die intravenöse Injektion erfordert bei kreislauflabilen Patienten wegen der hohen initialen Blutspiegel die Überwachung des Blutdrucks.
Wechselwirkungen mit anderen Mitteln:
Die Wirkung von magensekretionsanregenden Lebens- und Arzneimitteln (Alkohol, Coffein, Gewürze, Antiphlogistika, Acetylcholin) kann gelegentlich gehemmt werden.
Darreichungsformen und Packungsgrößen:
Originalpackungen zu je 5 und je 10 Ampullen mit Trockensubstanz und Lösungsmittel. Klinikpackungen zu je 25 und je 100 Ampullen mit Trockensubstanz und Lösungsmittel.

stochen werden. Wenige Tage postoperativ war es wiederum trotz aller oben angeführten therapeutisch-prophylaktischen Maßnahmen zu einer massiven Blutung gekommen. Erst nach einer Magenresektion sind erneute Blutungen nicht mehr aufgetreten.

Solche Einzelfälle lassen erkennen, daß bei aller Würdigung der therapeutischen Fortschritte der letzten Jahre in der Prophylaxe und Behandlung der Streßläsionen ein endgültig befriedigender Stand noch nicht erreicht ist.

Literatur

1 Bauer, H., A. Doenicke, F. Holle: Kasuistische Mitteilung über die Möglichkeiten der Prophylaxe und Therapie gastrointestinaler Blutungen mit Cimetidin oder Somatostatin bei Schwerstkranken. Anästhesist 26 (1977) 662–664

2 Bauer, H.: Cimetidin in der präoperativen Behandlung akut blutender gastroduodenaler Läsionen. Münch. med. Wschr. 121 (1979) 1085–1088

3 Bubrick, P. Melvin et al.: Control of acute gastroduodenal hemorrhage with Cimetidine. Surgery 84, 4 (1978) 510–518

4 Cooke, A.R.: Role of adrenocortical steroids in the regulation of gastric secretion. Gastroenterology 52 (1967) 272

5 Dunn, D.H., et al.: Cimetidine and hemorrhagic gastritis. Gastroenterology 77 (1979) 192–198

6 Fahrländer, H., F. Fettes, W. Seiler, A. Zäch: Das Streßulkus: Klinik, Pathogenese, Diagnose und Therapie. Z. Gastroent. 14 (1976) 168–178

7 Feifel, G., W. Lorenz et al.: Die Bedeutung von Histamin bei der Pathogenese akuter Erosionen im Rattenmagen. Res. ges. Exp. Med. 157, 206–207 (1972)

8 Fischer, M., W. Lorenz et al.: Cimetidine prophylaxis of acute gastroduodenal lesions in patients at risk. Excerpta Medica, Amsterdam 1978 (S. 280–289)

9 Guilbert, J., et al.: Role of the intestinal chyme in the pathogenesis of gastric ulceration following experimental hemorrhagic shock. J. Trauma 9 (1969) 723

10 Klemm, G.: Streßulkus nach Myokardinfarkt. Z. inn. Med. 26 (1971) 6, 210–213

11 Kusche, J., et al.: Involvement of the histamin-diamine oxidase system in acute intestinal ischaemia. Fed. Proc. 37 (1978) 392

12 La Brooy, S.J., et al.: Controlled trial of Cimetidine in upper gastrointestinal haemorrhage. Gut 20 (1979) 892–895

13 Levine, R.J., et al.: Histamine in the pathogenesis of the stressulcer in the rat. Amer. J. Physiol. 214 (1968) 892

14 Lorenz, W., et al.: Neue Gesichtspunkte zur Pathogenese des Streß- und Steroidulkus. Dtsch. med. Wschr. 95 (1970) 1848–1850

15 Lorenz, W., et al.: Histamine in the pig, determination, distribution, release and pharmacological action. Europ. J. Pharmacol. 14 (1971) 155–175

16 Lorenz, W., et al.: Histamin-H_2-Rezeptorantagonisten Dtsch. Ärztebl. 75 (1978) 173

17 Lorenz, W., A. Doenicke: Histamine release in clinical conditions M. Sinai J. Med. 45 (1978) 357–386

18 Marti, M., et al.: Prévention des ulcères de stress par la cimétidine. Schweiz. med. Wschr. 109 (1979) 615–616

19 Martin, L.F., et al.: Failure of Cimetidine prophylaxis in the critically ill. Arch. Surg. 114 (4) (1979) 492–496

20 Menguy, R., Y.F. Masters: Mechanism of Stress. Ulcer II. Gastroenterology 66 (1974) 509–516, 4

21 Mühe, J., et al.: Klinische Erfahrungen in der Behandlung von massiven Streß-Blutungen mit Cimetidin. Klinikarzt 7 (1978) 300–309

22 Schiessel, R., F. Hofbauer, R. Jakesz: Die Wirkung von Cimetidin beim experimentellen Streßulkus. Akt. Gastrologie 7 (1) (1978) 67–70

23 Schulze, A., K. Albert: Streßläsionen des Magens und des Zwölffingerdarmes unter Intensivtherapie. Beitr. gerichtl. Med. 34 (1976) 19–22

24 Schumpelick, V., D. Grossner: Erste klinische Erfahrungen mit Cholestyramin zur Streßulkusprophylaxe. Münch. med. Wschr. 119 (41) (1977) 1329–1332

25 Schumpelick, V., B. Rauchenberger: Duodenogastraler Reflux und Streßulkus. Dtsch. med. Wschr. 101 (1976) 1647–1649

26 Seidel, W., W. Lorenz, A. Doenicke et al.: Histaminfreisetzung beim Menschen und Streßulkuspathogenese. Z. Gastroenterologie 11 (1973) 297–300

27 Selye, H.: The alarm reaction and the diseases of adaption. Ann. intern. Med. 29 (1978) 403

28 Weber, E., et al.: Prospektive Studien über die postoperative Streßblutung. Dtsch. med. Wschr. 102 (1977) 52–155

29 Wedell, J., et al.: Zur prophylaktischen Wirkung einer Langzeittherapie mit Vitamin A beim Streßulkus. Dtsch. med. Wschr. 101 (1976) 243–245

Operative Behandlung gastroduodenaler Streßläsionen

V. Berndt

Einleitung

In der Reihe der therapeutischen Überlegungen und Maßnahmen bei blutenden gastroduodenalen Streßläsionen steht die operative Intervention gewöhnlich am Ende der erwägenswerten Behandlungsverfahren. Bis zur Indikationsstellung zum chirurgischen Eingriff wird eine Vielzahl erprobter konservativer Maßnahmen ergriffen. Der Grund hierfür besteht darin, daß die Indikationsstellung zur operativen Behandlung zu den schwierigsten und verantwortungsvollsten Indikationsstellungen in der Chirurgie bzw. Intensivmedizin gehört. Erschwert wird die Indikationsstellung nach RITTENHOUSE u. Mitarb. (59) zusätzlich dadurch, daß zwischen einer Vielzahl chirurgischer Verfahren gewählt werden kann oder – noch schwieriger, wie wir meinen – gewählt werden muß. Auch ist bei der Wahl des Eingriffs den Mehrfachläsionen und der Rezidivblutung Aufmerksamkeit zu schenken. Dabei hat sich jedoch trotz aller Bemühungen und Erkenntnisse an der fatalen Prognose des Streßulkus nichts geändert. Die Behandlungsergebnisse von 19 Autoren bei 1444 Streßulkus-Patienten belegen (Tab. 1), daß bei konservativer Therapie in 68% und bei operativer Therapie in 44% mit einem tödlichen Ausgang gerechnet werden muß (3, 10, 13, 25, 35, 36, 37, 40, 47, 49, 53, 54, 55, 56, 61, 62, 68, 70, 73). Diese Zahlen machen die eigentliche klinische Aufgabe einer Prophylaxe streßbedingter Magenschleimhautläsionen deutlich.

Tabelle 1 Behandlungsergebnisse bei Patienten mit Streßulzera aus der Literatur. 19 Autoren (1967–1974) mit 1444 Patienten

	n	†	†%
gesamt	1444	884	61%
konservativ (73%)	1053	712	68%
operativ (27%)	319	172	44%

Zur Interpretation derartiger Zahlen ist darauf hinzuweisen, daß die Operation beim Streßulkus nicht als alternatives oder konkurrierendes Verfahren im Behandlungskonzept rangiert, sondern üblicherweise erst nach effektloser Ausschöpfung konservativer Behandlungsmöglichkeiten zur Anwendung kommt. Auf der anderen Seite wird die Operation aber nur Patienten empfohlen, bei denen dann noch die strengen Kriterien der Indikation (siehe unten) erfüllt sind, d. h. nicht alle Patienten die operierbar sind, werden operiert.

Die klinische Problematik der Prophylaxe und Behandlung bei manifester Blutung liegt darin, daß es für streßbedingte gastrointestinale Blutungen

1. keine einheitliche und alleinschlüssige pathophysiologische Vorstellung zur Genese und
2. kein einheitliches morphologisches Äquivalent gibt.

Dem Chirurgen bereiten die Vielzahl pathophysiologischer Denkmodelle aus dem Experimentallabor und der Klinik sowie die unterschiedlichen manifesten und okkulten Erscheinungsformen der Streßläsionen bei der Wahl seines Behandlungsverfahrens Probleme. Hieraus ergibt sich, daß zum einen eine Definition des Begriffs Streßulkus gegeben werden muß, und zum anderen zum Verständnis der Indikationsstellung und vor Darlegung der eigentlichen chirurgischen Maßnahmen auf das Vorkommen und die Morphologie sowie auf einige diagnostische und klinische Aspekte eingegangen werden muß.

Definition des Begriffs Streßulkus

Da es sich bei dem Begriff des Streßulkus um einen klinischen Terminus mit vielfältiger Interpretationsmöglichkeit handelt, ist eine Definition, die die chirurgischen und anästhesiologischen Belange berücksichtigt, notwendig. In Anlehnung an Definitionen von BROOKS (6), KONRAD u. BERNDT (39) und SCHELLERER (62) handelt es sich bei dem Begriff des Streßulkus um erosive und ulzeröse Schleimhautläsionen des oberen Verdauungstraktes, speziell des Magens und Zwölffingerdarms, die in zeitlichem Zusammenhang mit einer körperlichen oder seelischen Belastung bei Kindern und Erwachsenen auftreten und mit einem tiefgreifenden Wandel in der Physiologie des Betroffenen verbunden sind.

Mit der zunehmenden Anzahl von Wach- und Intensivstationen, durch die Patienten aller medizinischen Disziplinen durch ein breites Spektrum lebensrettender Maßnahmen Krankheiten, Operationen, schwere und kombinierte Verletzungen sowie Komplikationen von Erkrankungen und auch von therapeutischen Maßnahmen überleben, hat das Streßulkus über den Bereich der großen chirurgischen Klinik und großen anästhesiologischen Intensivstationen hinaus eine Verbreitung bis in das kleinste Krankenhaus erfahren. Das Streßgeschwür stellt nach LAWIN (42) eine spezielle Komplikation des schweren Krankheitsverlaufs, schwerer Grunderkrankungen und extremer Ausgangssituationen dar.

Prädisponierende Erkrankungen – therapeutisch zur Prophylaxe zwingend – sind Verbrennungen, Schädel-Hirn-Traumen, Multitraumen, große Operationen, Sepsis, Karzinomkachexie und Atem- und Niereninsuffizienz (6, 12, 13, 14, 35, 48, 52, 65, 72, 73). Spezielle Formen von Streßgeschwüren stellen auch die im chirurgischen und anästhesiologischen Krankengut beobachteten akuten hämorrhagischen Erosionen im Rahmen medikamentöser postoperativer oder intensivmedizinischer Maßnahmen dar (Glukokortikoide, Antiphlogistika, Antirheumatika, Salicylate).

Mit einbezogen in den Formenkreis des Streßgeschwürs werden sollten die akute Exazerbation eines chronischen Ulcus duodeni im postoperativen Verlauf oder unter einer der angeführten prädisponierenden Situationen, da die Exazerbation durch die spezielle klinische Situation induziert und nicht als lediglich zufällig zu betrachten ist. Die akute Blutung aus einem chronischen Ulcus duodeni trifft unter den Umständen zudem einen Patienten, auf den die Definition der Streßsituation zutrifft und dessen Ausgangslage gegenüber einer „unkomplizierten“ Blutung völlig anders ist.

Vorkommen und Morphologie

Die Häufigkeit der erosiven oder ulzerösen Läsionen variiert im chirurgischen Krankengut sehr (Tab. 2). Sie ist abhängig von der Zusammensetzung des Krankengutes, wobei gilt, daß das Streßulkus in einem allgemeinchirurgischen Krankengut seltener [0,05%

Tabelle 2 Häufigkeit des Auftretens von Streßulzera in unterschiedlichem Patientengut

Op.-Art	n	Streßulkus %	Autor
unkomplizierte Op. (Mayo-Klinik)	179 000	0,05%	*David* u. Mitarb. 1971
thoraxchirurg. Op. (Univ.-Klinik)	5 479	3 %	*Konrad* u. *Wedell* 1964
Verbrennungen (Verbrennungszentrum)	2 772	11,7 %	*Pruitt* u. Mitarb. 1970

Tabelle 3 Angaben über gastroduodenale Streßläsionen im Autopsiegut

Autor		Autopsie	% Streßulkus	Krankengut
Grosz u. *Wu,*	1967	3669	6,2%	unselektioniert
Schellerer	1976	20701	9 %	operative Sammelstatistik
Konrad u. *Berndt,*	1972	14754	8 %	nichtchirurgisch
			14,5%	chirurgisch
Bode,	1968	287	11,5%	Schädel-Hirn-Trauma
		273	15,8%	ZNS-Op.
		139	18 %	Lungenresektion
		65	27 %	Op. in Hypothermie
		77	43 %	Op. mit HLM
Day et al.	1971	8732	71 %	Verbrennungen

im allgemeinchirurgischen Krankengut der Mayo-Klinik Rochester (14)], im thorax- und herzchirurgischen Krankengut häufiger [3% im thoraxchirurgischen Krankengut der Chir. Universitätsklinik Düsseldorf (37)] und im Krankengut von Verbrennungen häufig [(11,7% im Verbrennungszentrum der amerikanischen Armee in Houston (56)] auftritt. Weit häufiger als vom Kliniker diagnostiziert sieht der Pathologe (Tab. 3) streßbedingte Veränderungen der Magen- und Zwölffingerdarmschleimhaut (5, 15, 29, 39, 62).

Die Morphologie des sogenannten Streßulkus weist ein weites Spektrum auf. Sie reicht vom Magengeschwür, das charakteristischerweise oft multipel (Abb. 1) auftritt, über die gelegentlich solitären (Abb. 2), meistens jedoch multiplen hämorrhagischen Erosionen (Abb. 3) des Magens hin bis zu großen Formen des Duodenalgeschwürs (Abb. 4), auf die

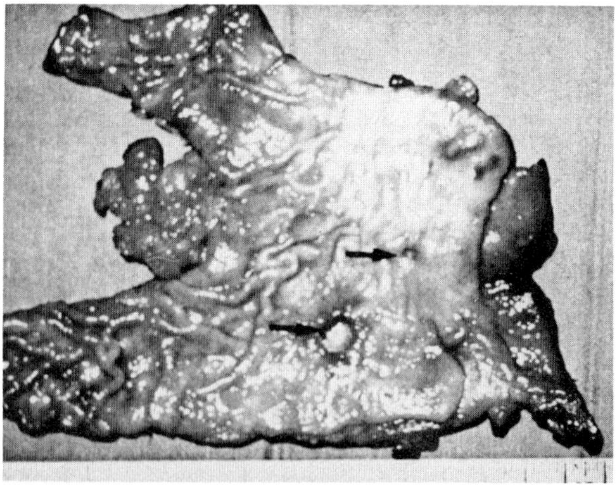

Abb. 1 Multiple streßbedingte Magengeschwüre (Pfeile)

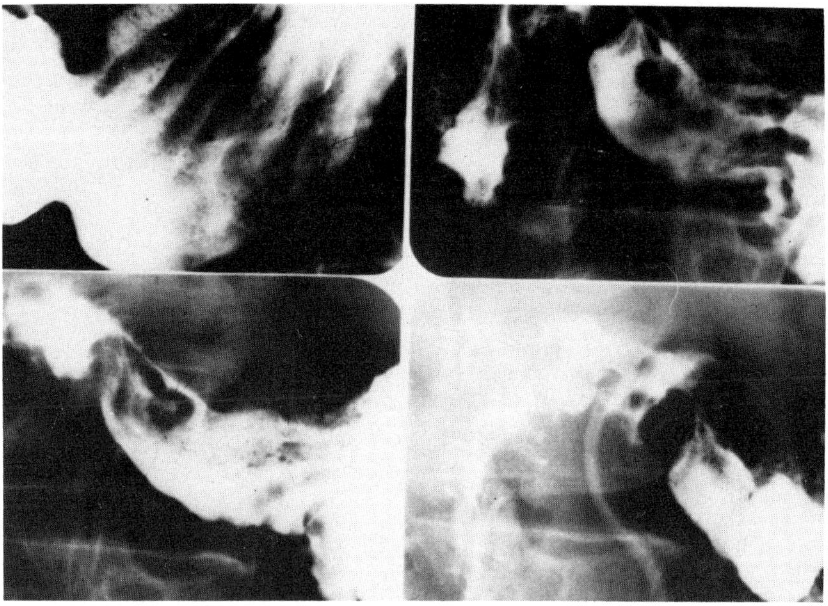

Abb. 2 Solitär-antrale Magenerosion bei Patient mit Streßulkusblutung

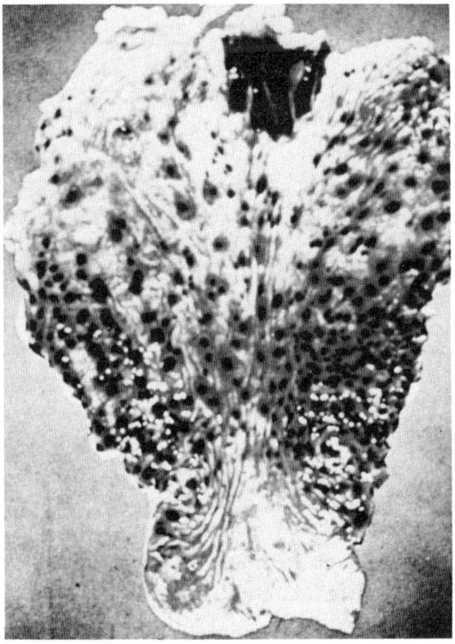

Abb. 3 Multiple hämorrhagische Erosionen im Magen (Sektionsbefund, aus 73)

klassische Definition BILLROTHS aus dem Jahre 1867 „wie mit dem Locheisen ausgestanzt“ zutrifft (4). Erosionen im Duodenum sind eine Seltenheit. Seit DIEULAFOY (17) ist bekannt, daß die Erosionen lediglich den Magenkorpus und -fundus befallen, wobei der Defekt oberflächlich ist und nur bis zur Muscularis mucosae reicht. Die Verteilung der erosiven und ulzerösen Befunde bei 335 eigenen Beobachtungen (Abb. 5) zeigt (3), daß bei einem annähernden Verhältnis von 2:1 zwischen Magen und Duodenum im Magen die erosiven Defekte zu zwei Dritteln überwiegen, wohingegen im Duodenum die ulzerösen Defekte am häufigsten beobachtet werden (14, 19).

Die Manifestation einer Streßläsion stellt immer das Ergebnis mehrerer gleichzeitig einwirkender Einzelfaktoren dar. Hierbei sind für das Magen- und Duodenalgeschwür sowie die erosiven Läsionen im Prinzip keine unterschiedlichen Entstehungsmechanismen nachweisbar (11).

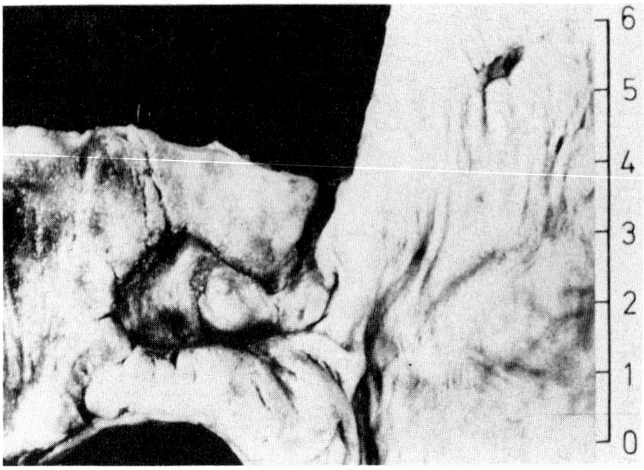

Abb. 4 Flaches akutes postoperatives Ulkus im Bulbus duodeni ohne chronischen entzündlichen Randwall

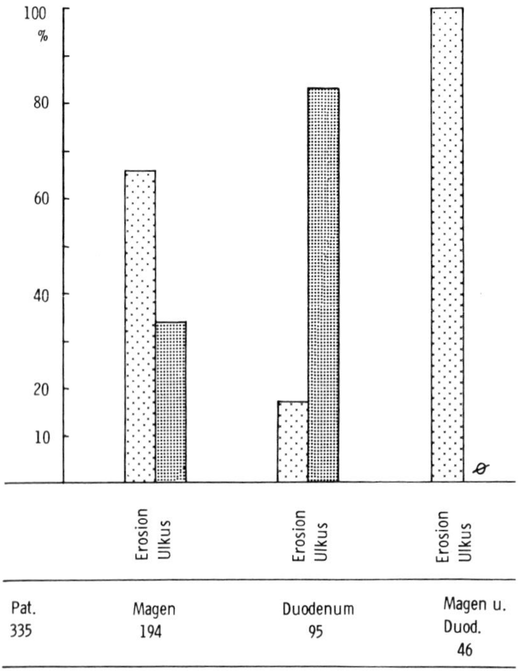

Abb. 5 Verteilung von Streßulzera im Magen und Duodenum (n = 335)

Für die Humanpathologie ist die formalpathogenetische Entstehung der akuten Magenschleimhautläsionen noch nicht ausreichend bekannt. Auch beim Menschen können blutende Magenerosionen innerhalb von wenigen Stunden (z. B. nach Thoraxtraumen) entstehen (23, 60). Aus gastroskopischen Untersuchungen (44, 45, 46) bei 42 Mehrfachverletzten und septischen Patienten können Parallelen zu den experimentellen Ergebnissen an Ratten gezogen werden. Erste Veränderungen in Form von Zonen herdförmiger Blässe und herdförmiger Hyperämie treten innerhalb von 24 Stunden auf.

Nach 24 Stunden werden erste petechiale Blutungen und kleine, 1 bis 2 mm im Durchmesser messende Erosionen gefunden, die nach 48 Stunden tiefer werden und einen schwarzen Bodenbelag aufweisen. Die Primärerosionen treten ausschließlich im säureproduzierenden Fundus und Korpus und nicht im gastrinproduzierenden Antrum des Magens auf – eine Tatsache die für operationstaktische Fragen grundlegende Bedeutung hat. Innerhalb von 48 Stunden verbreiten sich die Erosionen über den ganzen Magen und erreichen eine Tiefe von 0,3 bis 2 mm und einen Durchmesser bis zu 25 mm.

Klinische und diagnostische Besonderheiten des Streßulkus

Das Streßulkus trifft als zweite Krankheit mit einem Manifestationsgipfel vom 6. bis 10. postoperativen Tag (37, 73) einen Patienten, der durch Mobilisierung seiner Abwehrfunktionen einen erheblichen Verlust an energetischer Substanz erlitten hat (postoperative Katabolie, Postaggressionssyndrom (64)). Die klinische Symptomatik ist geprägt von den Symptomen der Blutung mit Hämatemesis und Teerstuhl. Bei Foudroyanz der Symptome ist das Bild oft primär vom Schock geprägt. Subjektive Beschwerden, die hinweisend sein könnten, werden oft von den Symptomen anderer Erkrankungen überdeckt oder können wegen Bewußtlosigkeit und Beatmung nicht geäußert werden (67).

Die Diagnose des Streßulkus bzw. seiner Symptome wird klinisch gestellt. Bei Erkrankungsverdacht besteht heute am Primat der endoskopischen Diagnosesicherung kein Zweifel mehr. Die diagnostische Sicherheit der Untersuchungsmethode mit über 90% richtig-positiven Ergebnissen gegenüber lediglich 15% richtig-positiven Ergebnissen bei radiologischer Sicherung läßt die Endoskopie als Methode der Wahl erscheinen (11, 18, 31, 51, 60). Lediglich bei Perforationsverdacht hat die Röntgenuntersuchung mit der seitlich an das Abdomen angestellten Röntgenkassette (Patient liegt dabei auf dem Rücken) durch den Nachweis freier Luft hohen diagnostischen Wert (Abb. 6). Eine angiographische Diagnostik der Intestinalblutung sollte erst nach gastroskopischem Ausschluß einer Blutungsquelle im Magen oder proximalen Duodenum zur Lokalisation atypischer Blutungsquellen durchgeführt werden (1, 2). Der klinische Verlauf ist sehr variabel, wie einer Zusammenstellung der Blutungssymptome (37) von 182 Patienten zu entnehmen ist (Tab. 4).

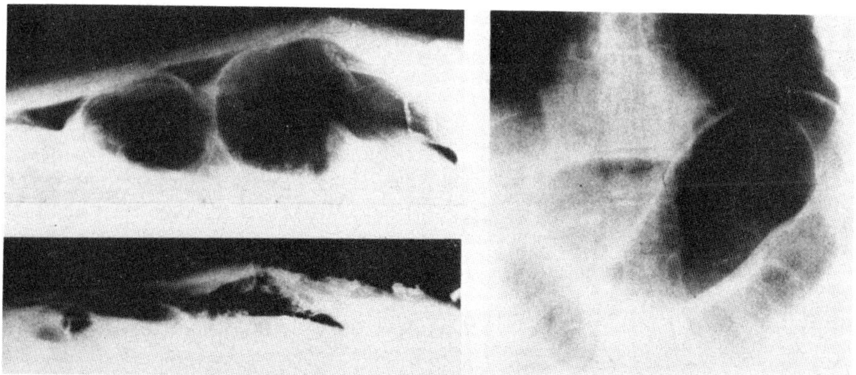

Abb. 6 Perforiertes gastrales Streßgeschwür durch seitlich angestellte Röntgenkassette mit dem Nachweis von freier Luft unter den Bauchdecken. Fehlender Nachweis eines Pneumoperitoneums bei liegendem Patienten und Aufnahme von vorne

Tabelle 4 Nachweis der Abhängigkeit der Prognose der Streßulkusblutung von Alter und Blutungsgröße

	Altersverteilung, Anzahl der Ulzera und Todesfälle						Gesamt		Exitus in
	<10	11–20	21–35	36–50	51–65	>65	Anzahl	Exitus	%
kleine Blutungen	41	21	18	12	6		98	20	20,4%
davon †	5	3	4	4	4				
massive Blutungen	8	17	21	11	17	6	80	31	38,7%
davon †	3	3	5	4	12	4			
Verblutungen, klinisch nicht erkannt				1	1	2	4	4	100,0%
davon †				1	1	2			
Summe Patienten	49	38	39	24	24	8	182	55	30,2%
davon †	8	6	9	9	17	6			
Letalität in %	17%		28%		72%				

Von 182 Patienten mit streßulkusbedingter Blutungssymptomatik wiesen 98 sogenannte kleinere Blutungen, 80 Patienten massive Blutungen und 4 Patienten Verblutungen auf, d. h. die Diagnose wurde erst durch den Pathologen gestellt. Unter massiven Blutungen werden hier Blutverluste verstanden, die entweder zu einem Hämoglobinabfall unter 9g%, einer Senkung des systolischen Blutdrucks um 40 mm Hg oder Schocksymptomen führen und für deren Kompensation mehr als 1000 ml Blut in 24 Stunden notwendig sind. Neben der Zunahme der Letalität parallel zum Blutverlust ist der Abbildung zu entnehmen, daß die Letalität mit zunehmenden Alter stark ansteigt. Von 87 Patienten mit einem Alter bis zu 20 Jahren verstarben 10%, von 63 Patienten mit einem Alter zwischen 21 und 50 Jahren verstarben 28% und von 32 über 50 Jahre alten Patienten verstarben 72%. Der unterschiedliche Schweregrad des klinischen Verlaufs infolge gastroduodenaler Streßulkusblutungen geht aus dem hohen Anteil arterieller Arrosionsblutungen hervor, die bei der Hälfte einer konsekutiven Sektionsserie von 35 verstorbenen Patienten nachgewiesen wurde (37), deren Krankheitsverlauf durch ein Streßulkus kompliziert war.

Spezielle klinische und diagnostische Probleme bietet die Streßulkusperforation, die im Gegensatz zur Perforation des chronischen Magen- und Zwölffingerdarmgeschwürs beim kranken Menschen oft unbemerkt und undramatisch verläuft. Sie ist in ca. 10% der Beobachtungen zu erwarten (Tab. 5). Die Symptome treten uncharakteristisch und maskiert auf. Ein Perforationsschmerz wird nur selten angegeben. Beim oft bewußtlosen, septischen oder beatmeten Patienten kann nur die gleichzeitige Blutungssymptomatik oder ein aufgetriebenes, luftgeblähtes Abdomen auf das Ereignis hinweisen (19, 38, 40, 48, 73).

Tabelle 5 Vorkommen von Streßulkusperforationen

Autor	Ulkus	Perforation			
	n	n	%	überlebt	†
Douglass u. *LeVeen* 1970	80	15	18,7%	4	11
Konrad u. *Berndt* 1970	260	19	7,3%	4	15
Zimmermann u. *Larena* 1973	91	9	9,9%	8	2
Bertin u. Mitarb. 1974	36	6	16,6%	2	4
	467	49	10,5%	18	32
		100%		36,7%	63,3%

Indikationen zum chirurgischen Eingriff

Allgemeine Gesichtspunkte

Die Indikation zum chirurgischen Eingriff (Tab. 6) ist bei

1. einer konservativ und medikamentös nicht zum Stillstand kommenden Blutung,
2. einem Blutersatz von 1500 bis 2000 ml Blut in 24 Stunden,
3. einer akut einsetzenden Blutung mit Hb-Abfall und Schocksymptomatik,
4. einer starken Rezidivblutung,
5. einer endoskopisch nachgewiesenen spritzenden Blutung aus dem Duodenalgeschwür,
6. Problemen in der Beschaffung von weiteren Blutkonserven oder Vorliegen einer seltenen Blutgruppe und
7. bei der Streßulkusperforation

zu stellen (13, 14, 18, 19, 28, 39, 63, 73). Gerade bei der Blutung aus gastroduodenalen Streßläsionen ist Finsterers (24) Forderung zur rechtzeitigen Operation nach Indikationsstellung zu beachten, d. h. die erforderliche Operation sollte vor dem Eintritt therapeutischer und krankheitsbedingter Sekundärschäden durchgeführt werden.

Die Operationsindikation ist neben den Indikationen vonseiten der Kreislaufbefunde bei vielen Patienten von Abwägungen gegenüber den Grunderkrankungen geprägt, wobei Grenzen hinsichtlich der Zumutbarkeit des Eingriffs sowohl aus der Sicht des Patienten als auch aus der Sicht des Arztes Bedeutung gewinnen können: Überlegungen, die bei sogenannten unkomplizierten Gastrointestinalblutungen gewöhnlich nicht im Vorder-

Tabelle 6 Gesichtspunkte bei der Indikationsstellung zur Operation bei Streßläsionen

Indikationsfaktor	Ulcus duodeni s. ventriculi	Streßläsionen
Indikation	bestimmt, elektiv	schwierig
Erkrankung	Einzelerkrankung	Mehrfacherkrankung
Vorerkrankung	keine	„Zweitkrankheit"
Blutung	kompensiert	dekompensiert
Blutgerinnung	intakt	defekt
Morphologie	definiert	variabel, Mehrfachläsion
Risiko	wägbar	groß (Grunderkrankung, Intensivpatient)
Rezidiv	–	häufig
Prognose	bekannt	schlecht

Tabelle 7 Rezidivhäufigkeit und Mortalität nach Operationen wegen Streßläsionen. Literaturzusammenstellung nach *Moody* u. *Cheung* 1976; *Berndt* u. Mitarb. 1978

		Rezidivblutung		Exitus	
	n	n	%	n	%
Probelaparotomie	27	16	59%	13	48%
Umstechung	45	24	53%	19	42%
Resektion	200	102	51%	84	42%
Vagotomie (evtl. + Umstechung evtl. + Pyloroplastik)	342	92	27%	96	28%
Kombinierte Operation	103	18	17%	28	27%
Gastrektomie	19	–	–	5	27%

grund stehen und deren Bedeutung unterschiedlich bewertet wird (bösartiges Grundleiden, moribunder Allgemeinzustand, Unzumutbarkeit des Eingriffs wegen anderer schwerwiegender Störungen).

Im einzelnen hat die Entscheidung zum operativen Vorgehen mehr als bei Elektivoperationen folgende Gesichtspunkte zu berücksichtigen:

1. Individuelle Faktoren wie Alter, Geschlecht und Grunderkrankung.
2. Zustand des Patienten:
   a) Normale Organfunktionen,
   b) Schädigung einzelner Organe (Lunge, Nieren, Gehirn, Leber),
   c) hypoxische Mehrfachschädigung von Lunge, Gehirn, Nieren und Leber durch Schock, Trauma, Infektion, Sepsis, Fettembolie, Gerinnungsstörungen, Bluttransfusionen,
   d) manifester Schockzustand.
3. Lokalisation der Streßläsion: Magen, Duodenum,
4. Morphologische Aspekte: Erosionen, Perforation, Mehrfachläsion.

Daraus ergibt sich, daß insbesondere 2 Fragen zur Indikationsstellung zu beantworten sind:

1. Indikation bzw. Kontraindikation von seiten der biologischen Operabilität (siehe oben) und
2. Indikation von seiten der Blutungsquelle (siehe unten).

Spezielle Gesichtspunkte

Folgende operativ-invasive Verfahren stehen zur Verfügung bzw. werden angewandt:

1. Endoskopische Sklerosierung
2. Laserkoagulation
3. Übernähung
4. Magenresektion
5. Vagotomieverfahren
6. Kombinierte Operationen (Vagotomie und Antrumresektion)
7. Devaskularisation (evtl. mit Vagotomie)
8. Gastrektomie
9. Selektive Vasopressininjektion.

Die endoskopische Sklerosierung kommt nur bei den seltenen Fällen von solitären blutenden Magenerosionen oder Magengeschwüren zur Anwendung (51). Eigene Erfahrungen mit der Äthoxysklerolunterspritzung oder mit der endoskopischen Laserkoagulation liegen nur begrenzt bzw. nicht vor. Für streßbedingte Erosionen, d. h. multiple Manifestationen sind kontrollierte Studien noch nicht bekannt. Inwieweit hier praktikable Behandlungsverfahren für die Zukunft entstehen, müssen weitere Ergebnisse aus klinisch-forschenden Abteilungen ergeben (26, 33, 34, 43).

Auch der anfängliche Enthusiasmus über die Möglichkeiten einer pharmakologischen Blutungskontrolle durch intraarterielle Infusion vasokonstriktorischer Substanzen hat sich als verfrüht erwiesen. Die selektive Injektion von Vasopressin in die A. gastrica sanistra über eine supraselektive Gefäßdarstellung konnte sich wegen unzureichender Ergebnisse nicht durchsetzen (1).

Für das operative Vorgehen bei persistierenden Blutungen aus Streßläsionen kann kein in seinem Erfolg völlig gesichertes Verfahren angegeben werden. Während in der Chirurgie des peptischen Ulkus standardisierte Operationsverfahren mit umrissenen und prüfbaren Indikationen entwickelt worden sind (7, 35), gibt es bei der Streßläsion kein rundum befriedigendes Operationsverfahren (Tab. 7). Die Empfehlungen entsprechen den jeweils gemachten Erfahrungen der Autoren, variieren stark und reichen von der Umstechung bis zur Gastrektomie. Prinzipiell kann gesagt werden, daß die lediglich resezierenden oder umstechenden Verfahren mit einer Mortalitätsquote von rund 50% zugunsten kombinierter Operationsverfahren mit einer Mortalitätsquote von rund 30% (tunkuläre oder selektive Vagotomie ohne oder mit Umstechung oder Magen- und Antrumresektion) verlassen worden sind, da die distale Resektion als alleinige Maßnahme nicht der pathogenetisch verständlichen Lokalisation von drei Vierteln aller blutenden Erosionen im säureproduzierenden Abschnitt des Magens gerecht wird (22, 46) und jede Form der Vagotomie alleine keine ausreichende Säurereduktion und Blutstillung bewirkt. Weitere Möglichkeiten eröffnen sich zukünftig durch die Magendevaskularisation (58, 59, 59). Die totale Gastrektomie als primäre oder operative Maßnahme hat nur in Einzelfällen Befürworter gefunden (49, 56, 57). Als Sekundärmaßnahme bei mit konservativen Mitteln nicht beherrschbaren Rezidivblutungen, wie sie je nach Krankengut in 20 bis 50% (9, 35) auftreten, erscheint sie begründet und trotz hohen Risikos als einzige Möglichkeit vertretbar.

Tabelle 8 Modellvorstellungen zur Auswahl von Operationsverfahren

	Lokalisation der Streßläsion	Primäreingriff	Rezidiveingriff
1.	Magenerosionen	SPV (evtl. + Devaskularisation)	Gastrektomie
2.	Ulcus duodeni		
2.1.	frisch	offene Umstechung, Pyloroplastik, SPV, Resektion	Resektion, evtl. Devaskularisation
2.2.	alt	Resektion, antekolische GE	Stumpfvagotomie
3.	Ulcus ventriculi	Umstechung, SPV, Resektion	trunkuläre Vagotomie, evtl. Devaskularisation
4.	Perforation	Übernähung, evtl. Resektion	Resektion, trunkuläre Vagotomie
5.	Mehrfachläsion	Resektion mit trunkulärer Vagotomie, SPV mit Umstechung	Stumpfdevaskularisation, Gastrektomie

Das im Einzelfall zu planende Vorgehen hat sich in erster Linie nach der Art der diagnostizierten Läsion auszurichten: Magengeschwür, Magenerosionen, frisches oder exazerbiertes Duodenalgeschwür, solitäre Magenerosionen, Mehrfachläsionen und Perforation. Es muß auch immer die mögliche Rezidivblutung aus einer anderen Läsion berücksichtigen, was die Wahl des Verfahrens weiter erschwert. Wesentlich ist der Hinweis von FARTHMANN (23), daß die Vielfalt der angewandten Methoden zum einen Ausdruck einer Ergebnisunsicherheit ist und zum anderen dem Bemühen um eine Individualisierung der Therapie entspricht. Gerade beim Streßulkus mit der Operation unter risikobehafteten Umständen gilt, daß der Operateur nur das Verfahren wählen sollte, das er beherrscht und komplikationsfrei durchführen kann. Spezielle Operationsverfahren (Tab. 8) sollten unter der Situation der Streßulkusblutung nur dann angewandt werden, wenn sie von Theorie, Pathophysiologie und Technik her beherrscht und verstanden werden.

Blutendes frisches oder exazerbiertes Duodenalgeschwür

Ein frisches oder exazerbiertes blutendes Duodenalgeschwür ist auch unter den Bedingungen der Streßulkusdisposition am sichersten mit einer klassischen Resektion zu behandeln, die neben der definitiven Blutstillung durch die subtotale oder auch nur distale Magenresektion mit der Entfernung der Gastrinzellen auch dem Blutungsrezidiv im belassenen Magenanteil in Form von Erosionen entgegenwirkt. Die Wahl der antekolischen vorderen Gastroenterostomie mit Anlage einer Braunschen Fußpunkt-Anastomose oder die refluxfreie Magenresektion nach BÜNTE und LANGHANS (8), unterbindet weiterhin einen möglichen Rezidivfaktor durch die Elimination des gallesalzhaltigen duodenogastrischen Refluxes (41, 66). Die Operationsindikation ist bei nachgewiesener spritzender Blutung früh zu stellen.

Die alleinige intra- oder extraduodenale Umstechung der Blutungsquelle kann zwar die Blutung ebenfalls beheben, wird aber den vielfältigen erwägenswerten Möglichkeiten der Reziventstehung nicht gerecht. Unter Berücksichtigung des Zeitfaktors und der Notwendigkeit der Wahl eines wenig belastenden Verfahrens bei bestimmten Patienten kann dieser Nachteil teilweise jedoch durch die Kombination mit einer (schnellen) trunkulären oder (längerdauernden) selektiv-proximalen Vagotomie (SPV) ausgeglichen werden. Die Gastroduodenotomie zur Umstechung wird bei diesen Vorgehen so angelegt, daß sie zur Drainageplastik (z. B. nach WANGENSTEEN (71)) benutzt werden kann. Speziell unter dem Gesichtspunkt des Streßulkus wird bei diesem Vorgehen natürlich die Antirefluxfunktion des Pylorus mit Ermöglichung bzw. Verstärkung des duodenogastralen Refluxes aufgehoben, was einem möglichen Blutungsrezidiv Vorschub leistet. Aus diesem Grunde würde die selektiv-proximale Vagotomie in Kombination mit der extraduodenalen Umstechung das Verfahren der Wahl darstellen. Ihr Zeitaufwand aber ist so groß, daß eine kleine Resektion für den geübten Operateur beim isoliert blutenden Ulcus duodeni das sicherere Verfahren bedeutet. Wir selbst halten trotz der endoskopischen Diagnosesicherung die Miteröffnung des Magens beim Streßulkus mit der Möglichkeit der Inspektion des Organs auf erosive Befunde und in Hinblick auf das Vorliegen einer Mehrfachläsion für unumgänglich.

Blutendes Magengeschwür

Auch bei dieser Läsion ist die Indikation zur Operation früh zu stellen. Beim blutenden solitären Magengeschwür gilt uns als Verfahren der Wahl die lokale Umstechung nach Gastrotomie (evtl. Probeexzision zum Karzinomausschluß). Die Rezidivprophylaxe ist auch hier in Form einer selektiv-proximalen Vagotomie (SPV) angezeigt. Erlaubt es der Zustand des Patienten, empfiehlt sich hinsichtlich einer geplanten Resektion das gleiche Vorgehen wie beim blutenden Zwölffingerdarmgeschwür.

Hämorrhagische Erosionen

Die häufigste Form streßbedingter Blutungen ist am unsichersten und mit der größten Rezidivhäufigkeit zu behandeln. Eine konservative Behandlung sollte so lange wie vertretbar durchgeführt werden. Trotzdem muß bei 10 bis 20% der Patienten die Indikation zur Operation gestellt werden (51, 69). Das operative Verfahren der Wahl stellt die selektiv-proximale Vagotomie dar. Zum Ausschluß einer Mehrfachläsion (Kombination mit einem Ulcus duodeni) wird auch hier gastrotomiert.

Seit kurzem schließen wir bei nicht sichtbarem Blutungsstillstand oder Fehlen der Blutungsreduktion direkt nach der Vagotomie mit der Magendevaskularisation in Form der Vierfachligatur (58, 59) bzw. Dreifachligatur (eigenes Vorgehen bei 2 Patienten) einen operativen Schritt an, der bisher für die Rezidivblutung reserviert war.

Das Vorgehen bei der Magendevaskularisation gestaltet sich schnell und einfach: Umstechung der A. gastrica dextra distal der kleinen Kurvatur oder zusammen mit der A. gastroduodenalis in Pylorushöhe, Umstechung der A. gastroepiploica dextra distal an der großen Kurvatur. Weiterhin kann – wir verzichten darauf – eine Umstechung der Aa. gastricae breves an der Funduskorpusgrenze und eine solche der A. gastroepiploica sinistra distal davon vorgenommen werden. Für das operativ-taktische Vorgehen ist von Bedeutung, daß auf ein zeitraubendes präparatives Aufsuchen der Arterien verzichtet wird und sich auf Umstechungen beschränkt wird. Die Blutungen aus Magenerosionen kommen bei diesem Verfahren schlagartig zum Stehen.

Blutende Mehrfachläsionen

Hierbei besteht gewöhnlich die Kombination von blutenden Magenerosionen mit einem blutenden Ulcus duodeni, gelegentlich auch mit einer Magen- oder Duodenalperforation. Wenn von den Umständen her möglich – eine frühzeitige Indikationsstellung ist bei bekannter Diagnose der Mehrfachmanifestation von besonderem Wert –, sollte hier eine Resektionsbehandlung in Kombination mit einer trunkulären Vagotomie angestrebt werden. Nur mit diesem taktischen Konzept ist der Rezidivblutung ausreichend sicher zu begegnen. Bei schlechter Ausgangslage kann sich auch auf die Vagotomie mit Umstechung des Duodenalgeschwürs beschränkt werden. Die primäre Magendevaskularisation verbietet sich bei gleichzeitiger Resektion wegen der Gefahr des ischämischen Nahtbruchs (Anastomoseninsuffizienz).

Streßulkusperforation

Kommt die Perforation eines Streßulkus innerhalb des peritonitischen Frühstadiums zur Operation und handelt es sich um ein frisches Ulkus, kann je nach Ausgangslage unter dem Gesichtspunkt der Verhütung postoperativer Blutungen aus Erosionen eine Resektionsbehandlung erwogen werden. Üblicherweise wird man sich jedoch bei dem gefährdeten Patienten mit der Übernähung begnügen. Liegen gleichzeitig blutende Magenerosionen vor, wird zusätzlich selektiv-proximal vagotomiert. Die Perforation eines exazerbierten chronischen Ulkus wird lediglich übernäht. Ist ein Magengeschwür perforiert, muß vor der Übernähung auf die Entnahme einer Probeexzision (Karzinomausschluß) geachtet werden.

Postoperative Behandlung

Mit der operativen Behandlung der streßinduzierten Magenblutung ist lediglich bei 50 bis 80% der Patienten (35) ein definitiver Blutungsstillstand erreicht (Tab. 9). Das Spektrum konservativer Behandlungsmöglichkeiten wird postoperativ weiterhin angewandt

Tabelle 9 Zusammenstellung der Klinikmortalität bei verschiedenen Indikationen zu Operationen am Magen

Op.-Verfahren	Klinikmortalität	Quelle
Vagotomie	< 1%	*Troidl* u. Mitarb. 1975
Magenresektion, elektiv	2– 3%	*Heberer* u. Mitarb. 1972
Notfallresektion	15–20%	*Eichfuß* u. Mitarb. 1974
Op. bei Streßläsionen	40–50%	*Berndt* u. Mitarb. 1978

(Cimetidin-Medikation, Gerinnungsfaktorensubstitution, Ableitung des Mageninhalts, Intensivbehandlung). Ist ein neuerlicher operativer Eingriff indiziert und durchführbar, wird je nach Voroperation eine Devaskularisation, trunkuläre Vagotomie oder Gastrektomie vorgenommen. Bei einer zweiten Perforation, die im eigenen Krankengut lediglich autoptisch diagnostiziert wurde (38), sollte eine Resektion angestrebt werden. Andernfalls muß erneut übernäht werden. Eine Devaskularisation des Magens bei der Duodenalperforation schafft zusätzliche Sicherheit.

Schlußbemerkung

Trotz der zahlreichen Möglichkeiten zum operationstaktischen Vorgehen im definierten Einzelfall sind die operativen Erfolge bei der Behandlung blutender Streßläsionen begrenzt (Tab. 9). Die Operationsfolge beim Streßulkus mit einer Letalität von rund 44% sind deswegen nicht mit den Ergebnissen der elektiven Magenchirurgie zu vergleichen, für die bei resezierenden Verfahren eine Letalität zwischen 2 bis 3% (30) und bei Vagotomieverfahren unter 1% (21, 69) angegeben wird. Auch ein Vergleich mit den Ergebnissen von notfallmäßigen Mageneingriffen bei Erkrankungen mit Blutungen anderer Ursache mit einer Letalität zwischen 15 und 20% (16, 20, 32) kann wegen der speziellen Ausgangssituation eines Streßulkuskranken nicht gemacht werden.

Literatur

1 Athanasoulis, C.A., B. Brown, J.H. Shapiro: Angiography in the diagnosis and management of bleeding stress ulcera and gastritis. Amer. J. Surg. 125 (1973) 468

2 Baum, S., S. Ward, M. Nusbaum: Stress bleeding from the mid-duodenum. Radiology 95 (1970) 595

3 Beil, A.R., H. Mannix, J.M. Beal: Massive upper gastrointestinal hemorrhage after operation. Amer. J. Surg. 108 (1964) 324

4 Billroth, Th.: Über Duodenalgeschwüre bei Septicämie. Wien. med. Wschr. 17 (1867) 705

5 Bode, G.: Postoperative und prämortale Ulcerationen des Oesophagus, Magens und Duodenums. Med. Diss., Düsseldorf 1968

6 Brooks, D.H.: Organ failure following surgery. Advanc. Surg. 6 (1972) 289

7 Bünte, H.: Vagotomie: ein neuer Irrweg in der Ulcuschirurgie? Ergebnisse und Indikation. Dtsch. med. Wschr. 96 (1971) 633

8 Bünte, H., P. Langhans: Die Routineanwendung der refluxfreien Magenresektion mit der Roux'schen Y-Anastomose. Chirurg, im Druck

9 Byrne, J.J., V.A. Guardione: Surgical treatment of stress ulcers. Amer. J. Surg. 125 (1973) 464

10 Chevilotte, P.: Ulcerès aigus post-opératoires. Ann. Chir. 27 (1973) 1280

11 Crocker, J.R.: Acute gastro-intestinal bleeding in the critically ill patient. Intens.-Care Med. 5 (1979) 1

12 Dahm, K., P. Eichfuss, A. Knipper, H. Mitschke: Duodenogastrischer Reflux und Anastomosengeschwür. Z. Gastroent. 15 (1977) 9

13 Darin, J.C.: Management of massive gastroduodenal hemorrhage in the trauma patient. Wis. med. J. 72 (1973) 233

14 David, E., D.C. McIllrath, J.A. Higgins: Clinical experience with acute peptic gastrointestinal ulcers. Mayo Clin. Proc. 46 (1971) 15

15 Day, S., B. McMillan, W. Altemeier: Curlings ulcer: an experiment of nature. Thomas, Springfield 1972

16 Desmond, A.M., K.W. Reynolds: Erosive gastritis: its diagnosis, management and surgical treatment. Brit. J. Surg. 59 (1972) 5
17 Dieulafoy, G.: A textbook of medicine. 2nd. Ed. Appleton, New York 1912
18 Dienstl, K.: Die akute Blutung des oberen Verdauungstraktes mit besonderer Berücksichtigung des Streßulcus. Z. Gastroent. 14 (1976) 179
19 Douglass, H.O., H.H. LeVeen: Stress ulcer: a clinical and experimental study showing the roles of mucosal susceptibility and hypersecretion. Arch. Surg. 100 (1970) 178
20 Eichfuß, H.P., E. Farthmann, K. Horatz, H.W. Schreiber: Die große Blutung aus Magen und Zwölffingerdarm. Dtsch. med. Wschr. 101 (1976) 753
21 Eichfuß, H.P., N. Soehendra, H. Wehling: Die massive Ulcusblutung aus Magen und Zwölffingerdarm. Dtsch. med. Wschr. 99 (1974) 1732
22 Farthmann, E.H., K. Horatz: Postoperative und Streßblutung. Langenbecks Arch. Chir. 337 (1974) 541
23 Farthmann, E.H.: Indikationen bei den Ulcuskomplikationen. In Blum, A.L., J.R. Siewert: Ulcustherapie. Springer, Berlin 1978
24 Finsterer, H.: zit. nach N. Gueleke, H. Nieden, H. Schmidt: Die Chirurgie des Magen- und Zwölffingerdarms. In Kirschner, M., O. Nordmann: Die Chirurgie, Band 6, Teil 1. Urban & Schwarzenberg, Berlin 1941
25 Fogelmann, M.J., J.M. Garvey: Acute gastroduodenal ulceration incident to surgery and disease. Amer. J. Surg. 112 (1966) 651
26 Frühmorgen, P., F. Bodem, H.D. Reichenbach: Endoscopic laser coagulation of bleeding gastrointestinal lesions with report of the first therapeutic application in man. Gastrointest. Endos. 23 (1976) 73
27 Gautier-Benoit, Cl., S. Pinchon: Hémorragies digestives post-opératoires en chirurgie viscerale. Ann. Chir. 27 (1973) 1277
28 Gray, S.J.: Stress and the gastrointestinal tract. Amer. J. Gastroent. 41 (1964) 243
29 Grosz, C.R., K.T. Wu: Stress-Ulcera: a survey of the experience in an large general hospital. Surgery 61 (1967) 853
30 Heberer, G., V. Zumtobel, K. Hoffmann: Wandlungen in der chirurgischen Ulcustherapie. Leber Magen Darm 2 (1972) 259
31 Himal, H.S., W.W. Watson, C.W. Jones, L.D. Maclean: The management of bleeding acute gastric erosions: the role of gastric hypothermia. Brit. J. Surg. 62 (1975) 221
32 Kaplan, M.S., J.W. West, E.A. Stemmer, J.E. Conolly: Surgical management of upper gastrointestinal bleeding in the aged patient. Amer. J. Gastroènt. 58 (1977) 140
33 Kiefhaber, P., G. Nath, K. Moritz: Endoscopic control of massive gastro-intestinal hemorrhage by irridation with a high power Neodymium – Yag laser. Prog. Surg. 15 (1977) 140
34 Kiefhaber, P., G. Nath, K. Moritz: Endoskopische Blutstillung gastrointestinaler Blutungen mit einem leistungsstarken Neodym-Yag-Laser. Chirurg 48 (1977) 198
35 Kirtley, J.A., H.W. Scott, J.L. Sawyer, H.A. Graves, M.R. Lawler: The surgical management of stress ulcers. Ann. Surg. 169 (1969) 801
36 Klein, M.S., F. Ennis, Ph. Sherlock, S.J. Winawer: Stress erosions. A major cause of gastrointestinal hemorrhage in patients with malignant disease. Amer. J. dig. Dis. 18 (1973) 167
37 Konrad, R.M., V. Berndt: Die therapeutische Konsequenz bei der akuten postoperativen gastroduodenalen Blutung aus Streßulcera. Helv. chir. Acta 36 (1969) 594
38 Konrad, R.M., V. Berndt: Perforation des postoperativen Streßulcus. Dtsch. med. Wschr. 95 (1970) 2053
39 Konrad, R.M., V. Berndt: Zur Problematik des Streßulcus. In Streicher, H.J., J. Rolle: Der Notfall: Gastrointestinalblutung. Thieme, Stuttgart 1972
40 Kunzmann, J.: Management of bleeding stress ulcers. Amer. J. Surg. 119 (1970) 637
41 Langhans, P., U. Schönleben, J. Hauss, H. Bünte: Zum Magenstumpfcarcinom im höheren Lebensalter. In Rehn, J.: Der alte Mensch in der Chirurgie. Springer, Berlin 1979
42 Lawin, P.: Eigenständige Komplikationen der Intensivtherapie. Langenbecks Arch. klin, Chir. 337 (1974) 281
43 Londong, W., Th. Sommerlatte: Möglichkeiten einer medikamentösen Prophylaxe und Therapie gastrointestinaler Streßläsionen. In Götz, E.: Streßläsionen im Magen-Darm-Trakt. Thieme, Stuttgart 1981
44 Lucas, E.Ch., Ch. Sugawa, J. Riddle, F. Rector, B. Posenberg, A.J. Walt: Natural history and surgical dilema of „stress" gastric bleeding. Arch. Surg. 102 (1971) 266
45 Lucas, E.Ch., Ch. Sugawa, W. Friend, A.J. Walt: Therapeutic implications of disturbed gastric physiology in patients with stress ulcerations. Amer. J. Surg. 123 (1972) 25
46 Lucas, E.Ch., Ch. Sugawa, A.J. Walt: Prospective analysis of factors influencing the development of stress ulceration. Surg. Forum 21 (1970) 308
47 Marchal, G., M. Balmes, J. Vergue, A. Selami: Les hemorragies par ulcérations de stress. Ann. Chir. 27 (1973) 1266
48 McDonnel, W.W., J.F. McCloskey: Acute peptic ulcer as a complication of surgery. Ann. Surg. 99 (1969) 198
49 Menguy, R., Th. Gadacz, R. Zajtchuk: The surgical management of acute mucosal bleeding. Arch. Surg. 99 (1969) 198
50 Mixter, G., J.W. Hinton: Massive hemorrhage from upper gastrointestinal tract: indications for subtotal gastrectomy or vagotomy. Amer. J. Gastroenterol. 28 (1957) 71
51 Moody, F.G., L.Y. Cheung: Stressulcers: their pathogenesis, diagnosis and treatment. Surg. Clin. N. Am. 56 (1976) 1469
52 Morgan, D.: Psychosomatic aspects of peptic ulcer disease. Practitioner 209 (1972) 114
53 Müller, E., R. Sailer, K. Kremer: Das akute gastro-duodenale Stress-Ulcus in der Chirurgie. Dtsch. med. Wschr. 92 (1967) 516

54 O'Neill, J.A., B.A. Pruitt, J.A. Moncriff, W.E. Switzer: Studies related of the pathogenesis of Curling's ulcer. J. Trauma 7 (1967) 275
55 Poilleux, J., M. Coloignier, D. Trouiller, H. Lichtenstein, J.P. Catinat: Les ulcères aigus post-opératoires. Ann. Chir. 28 (1974) 1025
56 Pruitt, B.A., F.D. Foley, J.A. Moncriff: Curling's ulcer. Ann. Surg. 172 (1970) 523
57 Quigless, M.D., L.J. Bernard: Total gastrectomy of ulceration of the stomach unresponsive to medical therapy. J. nat. med. Ass. 66 (1974) 475
58 Richardson, J.D., J. Bradley: Gastric devascularization: a useful salvage procedure for massive hemorrhage gastritis. Ann. Surg. 185 (1977) 649
59 Rittenhouse, M., A.S. Fee, J.B. Aust: Gastric devascularisation: an alternative approach to the surgical treatment of massive, diffuse hemorrhage from gastritis. South. med. J. 69 (1976) 892
60 Rösch, W., R. Ottenjann: Magenerosionen. Med. Klin. 65 (1970) 2018
61 Roth, H.: Zur operativen Behandlung des blutenden gastroduodenalen Streßulcus. Schweiz. med. Wschr. 100 (1970) 1278
62 Schellerer, W.: Untersuchungen zur Klinik und Pathophysiologie des streßbedingten Ulcus. Med. Habil.-Schrift, Erlangen 1974
63 Schier, J.: Streß-Blutungen. Fortschr. Med. 92 (1974) 539
64 Schildberg, F.W., V. Zumtobel: Aktuelle Gesichtspunkte zur postoperativen Infusionstherapie. Chirurg 47 (1976) 164
65 Schmidt-Wilcke, H.A.: Die akuten Magenschleimhautblutungen. Internist 14 (1973) 259
66 Schönleben, K., P. Langhans, W. Schlake, G. Kautz, H. Bünte: Gastric stump carcinoma – carcinogenetic measures. Acta hepato-gastroent. 26 (1979) 239
67 Sommer, P., W. Theisinger: Diagnostische und therapeutische Probleme beim Streß-Ulcus. Fortschr. Med. 95 (1977) 447
68 Spirgi, E., M. Rosetti: Über 58 Fälle von Streßulcera. Helv. chir. Acta 35 (1968) 44
69 Troidl, H., W. Lorenz, F. Fischer: Indikationen bei den akuten Ulcerationen. In Blum, A., J.R. Siewert: Ulcus-Therapie. Springer, Berlin 1978
70 Vetter, D., K. Zaruba, W. Scheitlin: Gastrointestinale Komplikationen und Magensaftresektion vor und nach Nierentransplantationen. Schweiz. med. Wschr. 101 (1971) 1893
71 Wangensteen, O.H., H. Sosin, V.S. Gilbertsen: Segmental resection in surgery of peptic ulcer with special reference to duodenal ulcer. In Harkins, H.N., L.N. Nyhus: Surgery of the stomach and duodenum. 2nd Ed. Little u. Brown, Boston 1969
72 Wangensteen, S.L., G.T. Golden: Acute „stress“ ulcers of the stomach: a review. Amer. J. Surg. 39 (1973) 562
73 Zimmermann, F., A. Larena: Beitrag zur Pathogenese und Klinik des Streß-Ulcus. Leber Magen Darm 3 (1973) 73

Diskussion

1. Indikation der medikamentösen Prophylaxe

Götz: Welches Krankengut ist für Streßläsionen im Magen-Darm-Trakt prädisponiert, so daß eine Prophylaxe erforderlich ist? Oder kann die Notwendigkeit einer Prophylaxe bestimmten Krankheitsbildern zugeordnet werden?

Fritsch: Die Indikation zur **Intensivbehandlung** entscheidet zugleich über den Beginn der Prophylaxe von Streßläsionen. Die Indikation wird allerdings unterschiedlich gestellt. Patienten, die nur einer intensiven Überwachung zugeführt werden, sind nicht unbedingt einer Streßsituation ausgeliefert. Sie benötigen dann keine prophylaktische Behandlung. Grundsätzlich gehen wir davon aus, daß jeder Patient auf der Intensivstation mehr oder weniger Streßbedingungen unterliegt und wir müssen eine Prophylaxe betreiben. Wir sind uns jedoch darüber im klaren, daß wir im einzelnen rein physiologisch Streßbedingungen nicht definieren können. Was für den einen Streß ist, ist für den anderen nicht Streß. Es ist ebenfalls nicht möglich, Voruntersuchungen bezüglich der Prädisposition zu Streßläsionen durchzuführen. Ich vertrete die Auffassung, wenn man eine Prophylaxe betreibt, dann bei jedem Patienten auf einer Intensivstation ohne Ausnahme. Die Prophylaxe muß mit der Einlieferung auf die Intensivstation beginnen.

Rösch: In der operativen Intensivmedizin führen wir die Prophylaxe bei allen Patienten durch. Wir behandeln ebenso Patienten im Leberkoma, Patienten, die beatmet werden müssen, und Patienten mit akuter Pankreatitis. Bei Patienten mit Herzinfarkt führen wir die Prophylaxe nicht regelmäßig durch. Es betrifft also im wesentlichen Gruppen, die eine höhere Inzidenz von Erosionen aufweisen, wie dies vorher von der Intensivstation in Münster gezeigt wurde. Bei Verbrennungen und bei Politraumatisierten muß man meiner Meinung nach heute eine medikamentöse Prophylaxe durchführen.

Londong: Es ist schwer zu objektivieren, welcher Patient für Streßläsionen besonders gefährdet ist. Eindeutig scheint es mir bei bestimmten Patientengruppen, wie postoperative Komplikationen nach großen Operationen, Schädel-Hirn-Traumen, Zustand nach Hirnoperationen, Verbrennungen, Patienten in septischem Zustand mit pulmonaler oder hepatorenaler Insuffizienz. Bei Patienten mit Herzinfarkt wird auf unserer Intensivstation immer dann eine kombinierte Prophylaxe betrieben, wenn es infolge des Infarktes zu Komplikationen kommt, z. B. in Form von Rhytmusstörungen ausgeprägter Art oder wenn eine Defibrillation vorgenommen werden mußte. Wir würden dann von Fall zu Fall entscheiden, ob eine einfache oder eine kombinierte prophylaktische Therapie notwendig ist. Auch ich würde für jeden intensiv behandelten Patienten eine Prophylaxe mit Antazida, Pirenzepin oder Cimetidin als Einzelmaßnahme empfehlen. Bei Patienten, bei denen wir besondere Risiken annehmen, beginnen wir frühzeitig mit einer Kombination von Cimetidin und Pirenzepin. Frühzeitig deswegen, weil die Kombinationstherapie durch Hemmung der Säuresekretion einen für die Entstehung von Streßläsionen wesentlichen Faktor eliminieren soll. Ist eine Blutung eingetreten, sind diese Maßnahmen mit Einschränkungen fragwürdig. Wenn allerdings eine Blutung durch Laser-Koagulation zum Stehen gebracht wurde, kann eine medikamentöse Therapie als Protektion der gelaserten Läsionen und als prophylaktische Maßnahme für das Aufschießen neuer Läsionen nützlich sein.

Fritsch: Es muß klar festgestellt werden, daß die laufenden Studien noch nicht abgeschlossen sind und wir nicht wissen, ob effektiv therapiert wird. Insofern können wir nicht aus voller Überzeugung Empfehlungen geben. Wir empfehlen allerdings, weil wir glauben, daß es hilft. Objektive Entscheidungen können wir treffen, sobald bessere Studienergebnisse vorliegen.

Lawin: Welche **Interaktionen** mit den genannten Medikamenten sind bekannt? Gerade Intensivpatienten erhalten eine Fülle von Medikamenten. Wenn wir jetzt so streng eine Prophylaxe fordern, werden weitere Medikamente in den Routinebehandlungsplan eingeführt.

Londong: Im Zusammenhang mit den beiden wesentlichen Medikamenten, Pirenzepin und Cimetidin kann ich keine Interaktion nennen, aus denen ein Nachteil für den Intensivpatienten abgeleitet werden kann. Nach oraler Applikation wurde allerdings nachgewiesen, daß die kombinierte orale Verabreichung von Antazida und Cimetidin zu einer Unterdosierung von Cimetidin führen kann. Die Ursache hierfür liegt in einer verminderten Resorption des Cimetidin bei gleichzeitiger Antazidagabe.

Rösch: Vom Diazepam und Cumarin sind Interaktionen mit Cimetidin bekannt.

Fritsch: Cimetidin zeigt eine Interaktion mit Warfarin. Nach Untersuchungen von HETZEL u. Mitarb. (1979) und SERLIN u. Mitarb. (1979) muß bei antikoagilierten Patienten mit einer Verlängerung der Prothrombinzeit gerechnet werden, wenn gleichzeitig Cimetidin in einer Dosierung von 1000 mg pro Tag verarbeicht wird. KLOTZ u. Mitarb. (1979) und SERLIN u. Mitarb. (1979) wiesen während einer Cimetidin-Therapie eine verzögerte Ausscheidung von Diazepam bzw. Antipyrin nach. Die achttägige Einnahme von 1,0 g Cimetidin pro Tag führt zu einer Verlängerung der Antipyrin-Halbwertzeit um ca. 30%. Dagegen hat nach den Untersuchungen von STEIGER u. Mitarb. (1980) eine Therapie mit Ranitidin (2 x 150 mg pro Tag über 8 Tage) keinen Einfluß auf den Antipyrin-Metabolismus. Hinweise auf mögliche Interaktionen zwischen Cimetidin und Antiarrhythmika bedürfen noch der weiteren Klärung.

Götz: Es ist bekannt, daß Narkotika die Histaminausschüttung erhöhen und damit einen prädisponierenden Faktor für Streßläsionen verstärken. Gibt es Patienten, die aus diesem Grunde schon vor der Narkose eine medikamentöse Prophylaxe der Streßläsionen erhalten sollten, z. B. Patienten, die ohnehin schon eine Ulkusanamnese haben?

Fritsch: Die Arbeitsgruppe von LORENZ hat die Histamin-Feisetzung bei Menschen vor und nach Operationen untersucht. Nach Narkotika wird eine Inzidenz von mehr als 60%, nach Blutersatzmitteln eine Inzidenz von mehr als 20% erreicht. Welchen Stellenwert diese Befunde für die Pathogenese der Streßläsionen einnehmen, ist derzeit unbekannt. Man kann aus den heute bekannten Untersuchungsergebnissen auch nicht auf einen optimalen Zeitpunkt für den Beginn der Prophylaxe schließen, das wäre reine Spekulation. Ich würde davon ausgehen, daß eine Prophylaxe zum frühstmöglichen Zeitpunkt begonnen werden sollte. Bin ich der Ansicht, daß der geplante Eingriff für den Patienten einen besonderen Streß darstellen wird, so beginne ich mit der Prophylaxe zuvor. Das ist ein allgemeines Statement, das ich nicht belegen kann.

Berndt: Die einzige, in diesem Zusammenhang für mich wichtige Indikation für eine medikamentöse Prophylaxe ist die **Nierentransplantation**. Hier ist sogar eine operative Prophylaxe zur Verminderung der Säureproduktion indiziert. Durch die postoperativ erforderliche Glukokortikoid- und Immunsuppressionstherapie in hoher Dosierung ist in ca. 60% mit Streßläsionen zu rechnen.

Lawin: Dann müßte eine Prophylaxe zur Vorbereitung **neurochirurgischer Eingriffe** ebenso wichtig sein.

Berndt: Soweit mir bekannt, ist dies jedoch derzeit nicht üblich.

Fritsch: BARON hat 1977 eine prospektive, randomisierte Studie an 53 Patienten mit Nierentransplantationen zum Wert der prophylaktischen Durchführung einer proximalen selektiven Vagotomie publiziert. Bezüglich der postoperativ auftretenden Magen-Darm-Blutungen hat er keinen Unterschied nachweisen können. Das läßt mich zweifeln, ob nach Nierentransplantationen „Streßläsionen" auftreten. Möglicherweise spielt die medikamentöse Therapie für die Pathogenese dieser Läsionen auch eine Rolle. Ich glaube, man sollte diese Beobachtung nicht ohne weiteres in den Begriff der Streßläsionen einfließen lassen.

Rösch: Ich bin der Meinung, daß die beste Prophylaxe die frühzeitige perorale Ernährung ist. Dies sollte man immer anstreben. Wenn das nicht geht, sollte man etwas anderes machen.

Schoeppner: Wir haben Untersuchungen über das vermehrte Auftreten von Streßläsionen nach hirnschirurgischen Eingriffen durchgeführt. Die maximale Katecholaminausschüttung, die das 100 fache der Norm betragen kann, eine Perfusions- und Stoffwechselstörung im Bereich der Magenschleimhaut und eine Aktivierung des Sympathikus müssen als Ursachen hierfür angeschuldigt werden. Mit der Anwendung von niedermolekularem Dextran und einer 1%igen Procainlösung haben wir gute Erfahrungen der Prophylaxe gemacht.

2. Maßnahmen der Prophylaxe

Götz: Aufgrund des Prophylaxe-Schemas, das in Münster angewandt wird, sollten wir Sinn und Indikation der verschiedenen Maßnahmen nacheinander diskutieren. Wir haben in unser Schema alles aufgenommen, von dem bekannt ist, das es wirksam ist. Ich stelle die Frage, ob wir nicht zuviel tun und ob einzelne Maßnahmen nur unter bestimmten Voraussetzungen sinnvoll sind.
Die erste Maßnahme ist das Legen eines **Magenschlauches**. Wir leiten den Magensaft unter der Vorstellung ab, daß wir damit die Azidität des Magens verringern. Da der Magenschlauch andererseits Schleimhautläsionen provoziert, frage ich die Referenten, wann besteht eine Indikation für den Magenschlauch?

Londong: Wir vermeiden es, einen Magenschlauch zu legen, weil wir immer wieder Fälle mit Sondendruckulzera im distalen Ösophagus oder im Magen beobachtet haben. Sie sind häufig die Ursache für Blutungen, wie wir bei unseren Patienten in der Notfall-Endoskopie immer wieder beobachten mußten.

Götz: Wie führen Sie beim Bewußtlosen die Sondenernährung durch und wie verabreichen Sie Antazida, wenn Sie auf den Magenschlauch verzichten?

Londong: Wenn eine Sondenernährung durchgeführt werden muß, dann wird natürlich eine Magensonde gelegt. Nur als prophylaktische Maßnahme für Streßläsionen lehnen wir den Magenschlauch ab. Zur Verabreichung von Antazida oder Sondenernährung legen wir immer nur kurzfristig einen dicklumigen Schlauch, der nach der Medikamentengabe entfernt wird.

Götz: Im Rahmen der Behandlung chirurgischer Patienten auf unserer Intensivstation liegt fast regelmäßig nach abdominellen Eingriffen und bei bewußtlosen Patienten ein

Magenschlauch. Herr *Kautz,* Sie haben diese Patienten häufig endoskopisch untersucht. Wie häufig beobachten Sie Ulzerationen, die auf den Magenschlauch zurückzuführen sind?

Kautz: Flache Nekrosen sehen wir immer wieder, aber keine richtigen Ulzerationen und auch keine massiven Blutungen, die durch die Sonde ausgelöst sind.

Götz: Das Legen eines Magenschlauches nur zur Prophylaxe von Streßläsionen ist also nicht indiziert. Es müssen andere Gründe z. B. Magenatonie, Sondenernährung usw. vorliegen, damit das Legen eines Magenschlauches berechtigt ist.
Es besteht Einigkeit, daß die orale Ernährung eine der wertvollsten Maßnahmen zur Ulkusprophylaxe darstellt. Solange die Nahrung nicht oral aufgenommen werden kann, wie z. B. beim bewußtlosen Patienten, erfüllt die Sondenernährung den gleichen Zweck. Soviel mir bekannt, gibt es keine Sondennahrung, die zur Streßprophylaxe zu bevorzugen wäre. Alle heute üblichen Sondennahrungen erfüllen diesen Zweck.

Rösch: Ich halte es für richtig, für diese Sondenernährung ganz dünne Katheter mit einem Durchmesser von 1–2 mm zu verwenden. Das geht ebensogut wie mit dickeren Schläuchen, die für den Kardia-Bereich rein mechanisch gefährlicher sind. Wir sehen relativ häufig Reflux-Ösophagitiden im terminalen Ösophagus, die sicher sondeninduziert sind; denn dann fließt die Salzsäure an der Sonde entlang nach oben.

Götz: Ist gesichert, daß dünnere Schläuche nicht zu der Reflux-Ösophagitis führen?

Rösch: Es gibt darüber keine Untersuchungen. Ich könnte mir dies jedoch rein mechanisch als durchaus plausibel erklären. Ein dünner Schlauch öffnet keinen so großen Weg für die Salzsäure wie ein dicker.

Götz: Können Sie bestimmte Sonden für diesen Zweck empfehlen? Ist nur der Durchmesser entscheidend oder auch das Material?

Fritsch: Firmen, die Sondennahrung herstellen, bieten solche Schläuche an. Sie sind aus einem flexiblen, latexartigen Material, das keine Läsionen hervorruft. Wir haben diese Sonden systematisch kontrolliert und nie erosive Veränderungen, geschweige denn Blutungen gefunden. Diese Sonden sind etwas schwieriger zu legen, weil sie keine steife Konsistenz haben. Mit einiger Übung ist die Applikation jedoch problemlos. Wir haben solche Sonden bis zu 8 Wochen liegen lassen und keine Läsionen gefunden.

Hartenauer: Aus eigener Erfahrung müssen wir sagen, daß diese dünnlumigen Sonden sehr schnell verstopfen. Man braucht eine wesentlich größere Verdünnung, um die Sondennahrung zu verabreichen. Dies führt wiederum zu einer oft nicht zu vertretenden Wasserbelastung des Patienten.

Götz: Hat der Magenschlauch nicht den Vorteil, daß man Schleimhautblutungen rascher erkennt?

Rösch: Aus der Tatsache, daß klares Magensekret aspiriert wird, kann eine Streßläsion, insbesondere im Bulbus duodeni, nicht ausgeschlossen werden. Insofern glaube ich, daß der diagnostische Gewinn einer Magensonde gering ist. Ich muß ganz offen sagen, daß wir diese Sondenläsionen relativ häufig sehen.

Berndt: Es bleibt das Problem, wann diagnostiziert man eine Magenblutung, wenn kein Magenschlauch gelegt wird. Sie sagten, Herr *Londong,* daß Sie auch bei manifester Blutung versuchen, auf die Magensonde zu verzichten. Das halte ich nicht für sinnvoll; es entgeht Ihnen damit die einfachste Kontrollmöglichkeit, den Stand der Blutungsintensität zu beurteilen.

Londong: Wie von Herrn Rösch schon gesagt, kann – mit Einschränkungen – nur eine Magenblutung über die Magensonde erkannt werden. Alles was jenseits des Pylorus passiert, entzieht sich dieser Kontrolle. Ich bin der Auffassung, daß auf einer Intensivstation bessere klinische Möglichkeiten zur Diagnose einer Blutung im oberen Gastrointerstinaltrakt zur Verfügung stehen, als sich auf eine liegende Magensonde zu verlassen. Entweder die Blutung ist nicht kreislaufwirksam, z. B. Sickerblutungen oder kapilläre Blutungen, da würden Sie nicht aggressiv vorgehen. Handelt es sich aber um eine kreislaufwirksame Blutung, bei der Sie aktiv vorgehen müssen, dann werden Sie diese auch ohne Magensonde rechtzeitig diagnostizieren können.

Berndt: Patienten, die relevante Mengen an Blut aus Erosionen verlieren, erbrechen sehr schnell und häufig. Ich glaube daher, daß diese Patienten ohne Magenschlauch nicht ausreichend versorgt sind.

Londong: Die Aspirationsgefahr ist ein anderes Problem, das ich nicht im Zusammenhang mit der Prophylaxe von Streßläsionen gesehen habe. Zur Therapie von Magenblutungen möchte ich folgendes sagen: Ist eine Blutung diagnostiziert – sei es durch Hämatemesis, durch Meläna oder Kreislaufverhalten – liegt eine andere Stiuation vor. Wir halten dann immer eine Notfallendoskopie für indiziert! Wenn wir dabei den Magen nicht übersehen können, wird eine Eiswasserspülung durchgeführt, die in der Regel nach Intubation und mit mehreren Litern physiologischer Kochsalzlösung vorgenommen wird. Erst danach wird eine Laser-Koagulation der Blutungsquelle durchgeführt. Nach Spülung des Magens und Koagulation der Blutungsquelle glauben wir auf eine Magensonde verzichten zu können.

Hartenauer: Müssen Sie den Patienten zur Laser-Behandlung verlegen oder kann dies auf der Intensivstation durchgeführt werden?

Rösch: Der Patient muß zum Laser gebracht werden, da das Gerät nicht mobil ist.

Frage: Wann kann mit der **Sondenernährung** begonnen werden?

Götz: Wir fangen postoperativ dann an, wenn der Patiente abgeführt hat. Bei frisch eingelieferten Patienten, z. B. nach einem Unfall, warten wir erst, ob die Darmtätigkeit ausreichend in Gang gekommen ist. Gegebenenfalls müssen natürlich entsprechende Maßnahmen eingeleitet werden, um die Darmtätigkeit anzuregen und zu fördern.
Zum Thema der **medikamentösen Prophylaxe** eine Frage an Herrn *Londong.* Die Säuresuppression durch Cimetidin und Pirenzepin in Kombination ist, wie Sie gezeigt haben, so ausgeprägt, daß sich die Frage aufdrängt, sollte man die medikamentöse Prophylaxe grundsätzlich als Kombinationstherapie verordnen? Wann ist Cimetidin, wann ist Pirenzepin und wann ist die Kombination indiziert?

Londong: Man kann feststellen, daß die Einzeltherapie mit Antazida in hoher Dosierung, die Cimetidin – oder Pirenzepingabe in normaler Dosierung im allgemeinen eine vergleichbare Neutralisation bzw. Hemmung der Säuresekretion bewirken. Pirenzepin hat den Vorteil, daß es innerhalb von 24 h weniger häufig verabreicht werden muß. Es ist schwierig, grundsätzlich festzulegen, wann eine Kombination angewandt werden sollte. Sie scheint mir immer dann indiziert, wenn es sich um die mehrfach angesprochenen Risikopatienten handelt und dann, wenn während der Intensivtherapie zusätzliche Komplikationen auftreten, die die Prognose des Patienten verschlechtern und den Streßzustand erhöhen. Ich glaube, eine weitergehende Empfehlung kann man nicht geben.

Götz: Könnten Sie die **Dosierung** wiederholen?

Londong: Für Cimetidin 6 x 200 mg und für Pirenzepin 3 x 10 mg/24 h langsam i. v. als Bolus injiziert. Die Kombination wird von uns in gleicher Dosierung angewandt.

Von einer Infusionstherapie mit Cimetidin möchten wir abraten, weil zu befürchten ist, daß bei dieser Anwendung die Plasmaspiegel von Cimetidin zu niedrig sind und damit aus pharmakokinetischen Gründen die supprimierende Wirkung auf die Parietalzelle weniger ausgeprägt sein dürfte. Sie nutzen bei der Cimetidinanwendung per infusionem auch nicht die sehr rasch nach Bolusgabe an der Parietalzelle einsetzende Wirkung. Eine vergleichende Sekretionsstudie mit Cimetidin als Infusion oder Bolusinjektion gibt es allerdings nicht. Sicher ist, daß bei Verwendung der vom Hersteller empfohlenen Infusionsdosis von 1 mg/kg mehr Substanz pro 24 h benötigt wird, also teuerer ist, als mit der üblichen Bolusdosis von 6 x 200 mg/24 h.

Götz: Welche Organschäden können zu einer Reduktion der Dosis beider Medikamente zwingen?

Londong: Dies ist ein klinisch wichtiger Gesichtspunkt. Cimetidin wird zu 60% über die Niere ausgeschieden, ein beträchtlicher Anteil wird in der Leber metabolisiert. Bei akuter Niereninsuffizienz, z. B. infolge eines hämorrhagischen Schocks, ist die Dosierung von Cimetidin besonders problematisch, weil man – trotz regelmäßiger Serumkreatinin-Bestimmung – nie genau weiß, welche Funktionseinschränkung gerade besteht. Unter einem protrahierten Schockgeschehen mit akuter Niereninsuffizienz verschlechtert sich die Kreatininclearance in der Regel permanent. Es gibt für die Niereninsuffizienz zwei etwa gleichartige Dosisempfehlungen, die von einer schwedischen und einer englischen Arbeitsgruppe zusammengestellt wurden. Dabei sollte bei einem Serumkreatinin von 4–10 mg% nicht mehr als 400–600 mg, bei einem Kreatinin von 2–4 mg% 600–800 mg und bei einem Kreatinin von 1–2 mg% 800–1000 mg Cimetidine/24 h verabreicht werden. Wir geben bei einem Kreatininwert bis 2,5 mg% noch die volle Dosis von 6 x 200 mg i. v. Die Einhaltung der Dosisgrenzen in Abhängigkeit von der Nierenfunktion ist deshalb wichtig, weil sonst das Risiko von Nebenwirkungen in Form von deliranten, stuporösen Zustandsbildern mit Muskelzucken, evt. paroxysmaler Apnoe, zunimmt. Das Risiko dieser Nebenwirkungen ist dann besonders hoch, wenn eine Doppelinsuffizienz beider Eliminationsorgane für Cimetidin, nämlich Leber und Niere, vorliegt. Hierzu gibt es einige Fallbeschreibungen von SCHENTAG u. Mitarb., die bei niereninsuffizienten Patienten mit Leberzirrhose und einer unter Cimetidin aufgetretenen Stuporsymptomatik eine Kumulation der Cimetidin-Plasma-Konzentration und Cimetidin-Konzentration im Liquor nachweisen konnten. Normalerweise passiert Cimetidin die Blut-Liquor-Schranke nicht. Die bei Leber- und Niereninsuffizienzpatienten selten auftretende mentale Konfusion kommt wahrscheinlich dadurch zustande, daß auch im Gehirn H_2-Rezeptoren vorhanden sind, die vom Cimetidin antagonisiert werden.

Götz: Gibt es auch Dosiseinschränkungen für Pirenzepin bei Leber- und Niereninsuffizienz?

Londong: In dieser Beziehung ist Pirenzepin nicht so gut untersucht. Es wird nicht so häufig angewandt wie Cimetidin, so daß es wesentlich weniger Publikationen über die Nebenwirkungen dieser Substanz gibt. Abgesehen von den bereits erwähnten Nebenwirkungen (passageres Verschwommensehen nach Bolusinjektion und Mundtrockenheit bei höherer Dosierung) haben wir bisher nichts Nachteiliges gesehen. Wir nehmen auch bei bestehender Niereninsuffizienz keine Dosisreduktion von Pirenzepin vor.

Fritsch: Wir haben keine anderen Richtlinien. – Ich möchte jedoch ergänzen, daß man bei der Kombination durchaus das eine als Medikament infundieren kann und das andere als Bolus verabreichen kann. Man kann z. B. Pirenzepin in einer Infusion geben und Cimetidin als Bolus injizieren. Damit wird man ungefähr das gleiche erreichen.

Londong: Ich würde beide Medikamente nicht infundieren. Für beide Substanzen liegen bei normaler Nierenfunktion Halbwertzeiten der Plasmaelimination vor, die für Cimetidin 2–3 und für Pirenzepin 10–12 Stunden betragen. Es ist pharmakokinetisch wenig sinnvoll, langwirkende Substanzen als Dauerinfusion zu geben.

Fritsch: Serum-Halbwertzeiten und Wirkungsdauer bedeuten nicht zwangsläufig Parallelität. Für das Pirenzepin haben wir eine wesentlich kürzere Wirkung auf die Sekretionshemmung nachweisen können, als die Serum-Halbwertzeit dieses Medikamentes vermuten läßt.

Götz: Kann auf eine Antazidagabe verzichtet werden, wenn eine medikamentöse Therapie der besprochenen Form vorgenommen wird?

Fritsch: Es gibt meiner Meinung nach hierzu einen ganz wesentlichen Gesichtspunkt. Ende der 60er Jahre haben wir, als wir nichts anderes zur Verfügung hatten, dem beatmeten Patienten hochdosiert Antazida gegeben. Diese Patienten entwickelten fast immer eine metabolische Alkalose. Die medikamentöse Säurehemmung hat diesen Effekt nicht.

Rösch: Ein weiterer Nachteil der hochdosierten Antazidagabe ist, daß sie außerordentlich umständlich ist. Um eine ausreichende Wirkung zu erzielen, muß stündlich der Magensaft titriert werden, um einen pH-Wert von 3,5 oder höher zu erreichen. Nur dann ist die Antazidatherapie richtig, sonst nicht. In einer unlängst von PRIEBE publizierten Studie erwies sich die stündliche Gabe von 30 ml eines potenten Antazidums einer Cimetidinprophylaxe als eindeutig überlegen.

Götz: Die allgemein verbreitete Ansicht, Antazida müßten im Abstand von 2–3 Stunden gegeben werden, ist Ihrer Meinung nach falsch.

Rösch: Jawohl.

Kestermann: Sollte man mit Beginn der enteralen Ernährung die Dosis von Cimetidin und Pirenzepin reduzieren, um nun die Säureproduktion wieder ansteigen zu lassen? Man sieht immer wieder, daß mit Beginn der Sondennahrung zunächst Durchfälle auftreten.

Londong: Bei der Kombinationsbehandlung ist uns bisher nicht aufgefallen, daß diese Patienten mehr Durchfall hatten. Ich würde meinen, daß Verdauungsstörungen nicht zu erwarten sind.

Stellfplug: Ist die bekannte Erhöhung des Prolaktinspiegels unter Cimetidin klinisch von Bedeutung?

Londong: 1. Orale Applikation in normaler Dosis verändert den Serumprolaktinspiegel nicht. Es gibt eine holländische Untersuchung, in der gezeigt werden konnte, daß nach 4wöchiger oraler Cimetidin-Therapie das Prolaktinverhalten bei Hypophysen-Provokationstests völlig normal war. Es kann problematisch werden, wenn man höher dosieren muß, z. B. beim Zollinger-Ellison-Syndrom, der einzigen Ausnahme, bei der die Cimetidindosis eventuell über 1200 mg/die gesteigert werden muß. Es liegen einzelne Fallbeschreibungen mit dieser Krankheit vor, bei denen unter hochdosierter oraler Cimetidinbehandlung eine Gynäkomastie auftrat, die nach Absetzen von Cimetidin wieder verschwand. In diesen Fällen war, soweit bekannt, die Serumprolaktinkonzentration normal.
2. Prolaktin wird nur durch intravenöse Bolusinjektion stimuliert, wenn initial hohe Cimetidinkonzentrationen im Plasma anfluten. Auch diese immer wieder durch Bolusinjektion induzierten Peaks der Prolaktinsekretion sind bei einer Therapie über wenige Tage wahrscheinlich ohne klinische Bedeutung.
3. Der neue H_2-Rezeptor-Antagonist Ranitidin hat nach intravenöser Bolusinjektion

keine prolaktinstimulierende Wirkung. Ranitidin wurde von KONTUREK bei einem Patienten mit Cimetidin-induzierter Gynäkomastie eingesetzt, bei dem sich unter Ranitidin die Gynäkomastie zurückgebildet haben soll.

Frage: Wann setzen Sie die Medikamente ab und muß zuvor die Dosis reduziert werden?

Londong: Der immer wieder zitierte "Acid rebound" ist klinisch wahrscheinlich ohne Bedeutung. Soviel mir bekannt ist, wurde ein "Acid rebound" nur bei Cimetidin-überdosierten Ratten, nicht beim Menschen, beobachtet. Ein Patient hat nach Absetzen der Therapie in der Regel wieder die gleiche Säuresekretion, die er vor dieser Behandlung hatte. Die unter länger dauernder Kombinationstherapie zu erwartende Zunahme des postprandialen Gastrinverhaltens wird durch die nach Therapieende ansteigende Säuresekretion wieder normalisiert. Trotzdem setzen wir nach einer Kombinationsbehandlung mit Cimetidin und Pirenzepin die Medikamente während 3–4 Tagen ab.

3. Behandlung der akuten Blutung

Götz: Zur Therapie der akuten Blutung bitte ich Herrn *Rösch* um eine Zusammenfassung des klinischen Vorgehens.

Rösch: Das Vorgehen bei einer akuten Blutung aus dem Magen-Darm-Trakt ist nicht standardisiert. Man wird zunächst versuchen, im Rahmen der Notfalldiagnostik eine Blutstillung zu erreichen. Das Problem bei dieser Patientengruppe ist, das der Laser immobil ist. Es kommt vor, daß ein beatmeter Patient nicht von der Intensivstation über mehrere Gänge bis zum Laser-Raum gebracht werden kann. Wir gehen in unserer Klinik dazu über, solche Patienten nicht mehr mit Laser zu behandeln, sondern mit einer modifizierten Elektrokoagulation. Ich würde das Vorgehen auch von der Intensität der Blutung abhängig machen. Eine spritzende Blutung ist für mich immer noch eine Indikation für ein akut chirurgisches Vorgehen, wenn es dem Patienten zumutbar ist. Es hat sich gezeigt, daß die Aktivität der Blutung während der Notfallendoskopie offensichtlich ein ganz guter prognostischer Index ist. Wir erleben es nicht selten, daß es durch mechanische Maßnahmen zwar gelingt, eine Blutstillung zu erreichen, daß es aber in über der Hälfte der Fälle zu einem Blutungsrezidiv kommt. Gelegentlich wird ein solches Rezidiv zu spät erkannt, oder der Patient hat sich in seiner Kondition soweit verschlechtert, daß ihm jetzt ein chirurgischer Eingriff nicht mehr zugemutet werden kann.

Götz: Wann haben medikamentöse Maßnahmen bei der akuten Blutung ihre Indikation?

Rösch: Ich bin der Auffassung, daß dies parallel zu den endoskopischen und den chirurgischen Maßnahmen beginnen kann. Was man medikamentös macht, darüber kann man diskutieren. Wir haben z. B. bei blutenden Erosionen gute Ergebnisse mit der Sekretin-Infusion. Ich würde deshalb die Therapie modifizieren, je nachdem ob es sich um diffuse oder umschriebene Schleimhautblutungen handelt. Diffuse Blutungen kann man endoskopisch gar nicht angehen; denn wenn es aus 20 „Knopflöchern" blutet, kann man nicht eines nach dem anderen koagulieren, weil der Magen volläuft und dann nichts mehr zu sehen ist. Bei umschriebenen Blutungen kann man mit entsprechenden Medikamenten arbeiten, ausgehend von der pathogenetischen Vorstellung, daß möglicherweise die Säure doch eine große Rolle spielt.

Götz: Die begleitende medikamentöse Therapie beschränkt sich bei Ihnen auf die Gabe von synthetischem Sekretin?

Rösch: Ich meine, man nimmt das, was man billig bekommt. Die Dosierung, die Herr Londong genannt hat, halte ich für richtig. Dann ist es auch eine finanziell tragbare Therapie.

Götz: Haben Sie Erfahrungen mit Somatostatin?

Rösch: Wir haben keine ausreichenden Erfahrungen mit Somatostatin. Ich glaube, das ist die Substanz, die man heute alternativ diskutieren muß und bei peptischen Läsionen solitär oder multipler Art nicht jedoch bei diffusen Blutungen einsetzen kann.

Fritsch: Wird endoskopisch eine arterielle spritzende Blutung gesehen, so betrachten wir die akute konservative Therapie nur als Interimsphase, um den Patienten ins blutungsfreie Intervall zu führen und damit Voraussetzungen für einen chirurgischen Eingriff zu schaffen. Wir würden dies nie als letztendliche Therapie betrachten, gleichgültig, was wir tun.

Berndt: Ich glaube nicht, daß ein Chirurg im blutungsfreien Intervall beim Streßulkus operieren wird. Ich halte dann eine Operationsindikation nicht immer für gegeben. Wichtig ist hier die Abklärung der Blutungsquelle.

Fritsch: Wenn ein Patient eine spritzende Blutung hat, die durch Laser gestillt wurde, wird man den Patienten mit einer Latenzzeit von spätestens 24 Stunden in gutem Zustand operieren müssen.

Berndt: Dem ist natürlich zuzustimmen. Bei Erosionen ist jedoch solange wie möglich konservatives Vorgehen indiziert.

Londong: Von Herrn *Rösch* wurde darauf hingewiesen, daß Rezidivblutungen beim Streßulkus besonders häufig sind, auch nach Laser-Koagulation. Außerdem ist die Perforationsgefahr bei akuten Läsionen insbesondere im Duodenum größer, so daß die Laser-Behandlung bei diesen Patienten gefährlich ist. Trotzdem versuchen wir in München, jeden Patienten, auch bei einer spritzenden Blutung, mit Laser zu behandeln. Danach beginnen wir sofort mit einer protektiven Behandlung in Form der medikamentösen Kombination von Cimetidin und Pirenzepin. Tritt danach trotzdem eine Rezidivblutung auf, wird wiederum eine Notfallendoskopie durchgeführt und nach Möglichkeit die Blutungsquelle koaguliert. Ist es jedoch die gleiche Blutungsquelle, die schon einmal mit Laser behandelt wurde, ist die Laser-Koagulation problematisch. Die endoskopische Behandlungsphase kann nämlich recht lange dauern und es kann dadurch wertvolle Zeit für das operative Eingreifen verloren gehen. Wir sind daher der Auffassung, daß bei einer Rezidivblutung nach vorheriger Laser-Koagulation eines Streßulkus zunächst eine rasche endoskopische Diagnostik und ein Versuch der Laser-Koagulation vorgenommen werden kann. Gelingt dies jedoch nicht in kurzer Zeit, muß der noch narkotisierte Patient sofort laparatomiert werden.

Lawin: Ich möchte an eine seltene Blutungsquelle erinnern, die oft in der Eile der endoskopischen Notfalldiagnostik vergessen wird. Ich meine das Ulkus im Meckelschen Divertikel.

Frage: 1. BAUER u. Mitarb. aus München haben über eine erfolgreiche Anwendung von Cimetidin in Dauertropfinfusion bei akut blutenden Magenhautläsionen berichtet. Ist dies richtig oder nicht?
2. Ich verstehe nicht, warum Herr *Fritsch* bei einer stehenden Blutung nach einem 24 Stunden Intervall einen operativen Eingriff vorschlägt.
3. Herrn *Rösch* möchte ich fragen, warum er die Eiswasserspülung ablehnt.

Londong: Die von BAUER u. Mitarb. durchgeführte Untersuchung ist eine unkontrollierte Studie. Die angewandte Methode der sogenannten Kontrolle des Blutungsstillstandes allein durch Aspiration von Magensaft ist zur Diagnose nicht ausreichend. Nur mit Hilfe der endoskopischen Diagnostik ist es möglich, das Vorhandensein oder Sistieren einer Blutung zu objektivieren. Es sei daran erinnert, daß kapilläre Blutungen häufig spontan sistieren. Einige Autoren behaupten sogar, dies sei in bis zu 80% aller gastrointestinalen Blutungen der Fall. Es ist deshalb nicht möglich, aus der genannten Studie den Schluß zu ziehen, daß Cimetidin den Blutungsstillstand herbeigeführt hat. Die Kriterien einer randomisierten und kontrollierten Studie sind in dieser Untersuchung nicht erfüllt. Ich bin der Meinung, daß eine medikamentöse Therapie für eine bestehende, nicht spritzende Blutung nur unter den Bedingungen einer konsequenten Intensivüberwachung möglich ist. Als Substanz kommt nur das Somatostatin, allenfalls Sekretin in Frage.

Rösch: Zur Frage der Eiswasserspülung muß ich folgendes feststellen: SILVERSTEIN in Seattle hat alle Maßnahmen, die man bei der Ulkusblutung einsetzt, ausgenommen die medikamentöse Behandlung, einer kritischen Prüfung unterzogen. Dabei wurde festgestellt, daß die Eiswasserspülung keinen Nutzen bringt. Es stimmt nicht, daß die Abkühlung des Magens die Blutung zum Stillstand bringt. Zumindest beim experimentell induzierten Ulkus ist eine günstige Beeinflussung durch Eiswasserspülung nicht zu erwarten. Ob man eine Eiswasserspülung oder überhaupt eine Spülung durchführt oder nicht, ist eine Ansichtssache. Wir verlieren dadurch sehr viel Zeit, da sie lange spülen müssen, um alle Koagel zu entfernen. Ich habe noch in keinem Falle eine Magenspülung machen müssen, um die Blutungsquelle zu finden. Normalerweise befindet sich im Ösophagus, im Antrum und im Duodenum kein Blut. Bei der akuten Blutung fließt es in den Fornix-See ab. Die klassischen Blutungsquellen im Magen sind mit 80% Ulzera. Diese sind im Bereich der kleinen Kurvatur, an der Vorder- und Hinterwand lokalisiert. Dort sitzen aber kein Koagel. Diese liegen im Bereich der großen Kurvatur. – Es liegt die Blutungsquelle also nur selten unter dem Blutkoagel. Dann kann man diskutieren, ob man durch Umlagerung des Patienten, durch Induktion von Erbrechen oder durch eine Spülung sofort klare Verhältnisse schafft. Primär führen wir keine Spülung durch.

Frage: Beginnen Sie vor jeder größeren Operation mit einer medikamentösen Prophylaxe um Streßulzera vorzubeugen?

Götz: Das machen wir nicht. Das Entscheidende ist bei solchen Eingriffen, daß die Narkose ausreichend tief geführt wird, um den Streß der Operation auf ein Minimum zu reduzieren. Außerdem müssen Hypoxie und Hypovolämie vermieden werden. Die Untersuchungen von Herrn *Lorenz* sind experimenteller Natur. Es liegen keine Studien vor, die nachweisen, daß die durch Narkotika stimulierte Histaminausschüttung vermehrt Streßblutungen verursacht.

Frage: Welche Narkosemethode bevorzugen Sie in diesen Fällen?

Götz: Man kann mit verschiedenen Narkosemethoden eine ausreichende Narkosetiefe erreichen. Die Auswahl der einzelnen Methode richtet sich nach dem Zustand des Patienten, seinen Vorschädigungen und insbesondere nach den Kreislaufverhältnissen. Bestimmte Narkotika können nicht generell empfohlen werden.

Frage: Wie ist die Behandlung mit Sekretin zu beurteilen?

Rösch: Das synthetische Sekretin wird z. Z. geprüft und kommt möglicherweise in den Handel. Es gibt aber auch natürliches Sekretin zu kaufen. Dieses relativ unreine Sekretin reicht zur Behandlung aus.

Sachverzeichnis